Susanne Schulte

HALTUNG (BE)WAHREN
Eine Schulleiterin inmitten des Wandels

HALTUNG (BE)WAHREN

Eine Schulleiterin inmitten des Wandels

Susanne Schulte

Bibliografische Information der Deutschen Nationalbibliothek: Die Deutsche Nationalbibliothek verzeichnet diese Publikation in der Deutschen Nationalbibliografie;
detaillierte bibliografische Daten sind im Internet über http://dnb.dnb.de abrufbar.

Die automatisierte Analyse des Werkes, um daraus Informationen insbesondere
über Muster, Trends und Korrelationen gemäß §44b UrhG („Text und Data Mining")
zu gewinnen, ist untersagt.

Verlag: BoD · Books on Demand GmbH, In de Tarpen 42, 22848 Norderstedt,
bod@bod.de

Druck: Libri Plureos GmbH, Friedensallee 273, 22763 Hamburg

ISBN: 978-3-7693-0283-7

Inhaltsverzeichnis

Liebe Leserinnen und Leser,

wie die gesamte Gesellschaft befinde auch ich mich mitten in einem faszinierenden Wandel – einem Wandel, der nicht nur unser Verständnis von Bildung, sondern auch unsere Schulen grundlegend verändert. Dieser Prozess fordert uns heraus, lässt wachsen und bietet zugleich unzählige Chancen, die Bildungslandschaft neu zu denken und zu gestalten. Ich freue mich darüber, aktiv an dieser Transformation teilhaben und sie mitgestalten zu dürfen.

Die Zeit, in der Schulen vor allem als Orte der Wissensvermittlung verstanden wurden, ist vorbei. Heute stehen Lernbegleitung, Coaching und individuelle Förderung im Mittelpunkt. Dieser Wandel erfordert Mut – den Mut, alte Muster zu hinterfragen, Neues zu wagen und sich selbst als Lernenden immer wieder zu reflektieren. Genau diesen Mut spüre ich seit meiner eigenen Schulzeit in mir: den Wunsch, nicht nur Wissen zu vermitteln, sondern Räume zu schaffen, in denen eigenständiges und kreatives Lernen möglich wird.

Doch Veränderung ist selten einfach. Während manche Kolleginnen und Kollegen mit Begeisterung neue Wege erkunden, experimentieren und ihre Erfahrungen teilen, stehen andere noch zögernd am Rand – oft aus Sorge, überfordert oder unsicher zu sein. Diesen Prozess mit Verständnis und Unterstützung zu begleiten, ist essenziell. Gerade diese Vielfalt an Perspektiven, Geschwindigkeiten und Wegen macht den Wandel so bereichernd und spannend.

Für alle Bildungseinrichtungen sehe ich in dieser Entwicklung eine riesige Chance. Sie erlaubt es uns, unsere Arbeit näher an den Bedürfnissen der heutigen und morgigen Generationen auszurichten. Es ist an der Zeit, neue Methoden zu erproben, digitale Werkzeuge sinnvoll zu integrieren und die Persönlichkeitsentwicklung stärker in den Fokus zu rücken. Ich freue mich, dass sich schon viele Institutionen auf diesen Weg gemacht haben.

Auch ich, als Schulleiterin einer weiterführenden Montessori-Schule empfinde Stolz für unseren bisherigen Weg. Unser Ansatz, Kinder und Jugendliche auf ihren individuellen Lernwegen zu begleiten und ihre Stärken in den Mittelpunkt zu stellen, liegt in unserer DNA. Diese Erfahrung gibt uns vielleicht einen kleinen Vorsprung, dennoch bleibt Wandel wichtig und notwendig. Bildung ist ein lebendiger Prozess, der nie abgeschlossen ist. Auch wir müssen uns den wachsenden Anforderungen stellen: digitale Werkzeuge sinnvoll einsetzen, die Zusammenarbeit stärken und auf eine komplexe, sich ständig verändernde Welt reagieren.

Ich möchte allen Mut machen, die noch zögern, diesen Weg zu beschreiten. Veränderung erfordert Offenheit und manchmal auch Überwindung, doch sie bietet die große Chance, zu wachsen – als Lehrende und als Lernende. Für diejenigen, die schon unterwegs sind, lautet meine Botschaft: Bleibt dran. Der Wandel mag anstrengend und nicht immer linear verlaufen, aber jeder Schritt zählt. Unsere Schülerinnen und Schüler danken es uns, indem sie in einer Umgebung lernen, die sie inspiriert, stärkt und auf die Zukunft vorbereitet.

Mit diesem Buch möchte ich meine Erfahrungen und Perspektiven teilen, um Impulse für Veränderungen im Bildungssystem zu setzen. Es ist keine Anleitung, sondern eine Einladung. Es erzählt von meinem persönlichen Weg als Schulleiterin – von Herausforderungen, Höhen und Tiefen, aber auch von den Augenblicken, in denen alles Sinn ergab. Es bietet keine universellen Lösungen, sondern Momentaufnahmen aus meinem Alltag und Erfahrungen, die in meinem Umfeld funktioniert haben. Sie spiegeln meine Haltung wider und basieren nicht auf wissenschaftlichen Erkenntnissen oder empirischen Studien. Es ist kein Lehrbuch und keine allgemeingültige Wahrheit. Denn meine Absicht ist es, nicht zu belehren, sondern zur Reflexion einzuladen.

Vielleicht findest du etwas, das dich inspiriert, oder entdeckst einen Impuls, der dich ermutigt, deinen eigenen Weg zu gehen. Denn letztlich ist jeder Weg einzigartig – so wie die Menschen, die ihn gehen.

Ich wünsche dir beim Lesen Freude und Inspiration für deine eigene Reise.
Mit Offenheit und einem Blick für das Mögliche können wir gemeinsam die
Bildung von morgen gestalten.

Herzlichst,
Susanne Schulte

Veränderungen im Bildungssystem und in unseren pädagogischen Ansätzen umzusetzen, war, ist und bleibt eine große Herausforderung. Ich sehe, längst nicht nur in meiner Funktion als Schulleiterin, wie Kolleginnen und Kollegen mit den besten Absichten versuchen, neue Methoden und Konzepte zu integrieren, nur um dann doch wieder in alte Muster zurückzufallen. Der Grund dafür ist in meinen Augen selten fehlender Wille oder mangelnde Kompetenz – es ist die Kraft der Gewohnheit und die tief verankerten Überzeugungen, die unser Handeln prägen.

Es ist relativ einfach, eine neue Technik zu lernen. Eine Fortbildung zum Thema digitale Tools? Kein Problem, in ein, zwei Tagen kann das vermittelt werden. Eine neue Unterrichtsmethode? Mit der richtigen Anleitung können Lehrkräfte sie schnell verstehen und anwenden. Doch was wirklich schwierig ist, ist die Veränderung der inneren Haltung, der grundlegenden Sichtweise auf Lernen, Lehren und die Rolle von Schule.

Eine Haltung ist nicht etwas, das man „erlernen" kann wie eine neue Fähigkeit. Sie ist über Jahre, oft Jahrzehnte gewachsen – durch eigene Schulerfahrungen, durch das Studium, durch die Zeit im Beruf. Und sie prägt jeden Moment, ob bewusst oder unbewusst. Wenn jemand tief im Inneren glaubt, dass guter Unterricht vor allem Disziplin und Wissensvermittlung bedeutet, dann wird er oder sie immer wieder dahin zurückkehren, auch wenn neue Methoden dies aufbrechen sollen.

Deshalb habe ich für mich erkannt, dass es bei Veränderungen im Bildungssystem nicht ausreicht, einfach neue Vorgaben zu machen oder Fortbildungen anzubieten. Die Menschen im System – Lehrkräfte, Eltern, aber auch Schülerinnen und Schüler – brauchen eine andere Art der Begleitung. Es geht darum, Räume zu schaffen, in denen reflektiert werden kann: Warum mache ich das, wie ich es mache? Welche Werte liegen meinem Handeln zugrunde? Und wie fühlt es sich an, etwas anders zu tun?

Diese Prozesse brauchen Zeit. Es braucht Vertrauen, dass man Fehler machen darf, und Geduld – vor allem von uns Führungskräften. Aber ich habe auch gelernt, dass genau hier der Schlüssel zum Erfolg liegt. Wenn jemand seine Haltung wirklich hinterfragt und verändert, dann kommt der Rest fast von allein. Neue Methoden werden nicht mehr als Belastung empfunden, sondern als Chance. Und plötzlich entstehen Ideen, die ich mir selbst nicht hätte ausdenken können.

Es ist kein leichter Weg, aber es ist der einzige, der langfristig funktioniert. Veränderung beginnt nicht mit einer neuen Vorschrift oder einem neuen Konzept. Sie beginnt in den Köpfen und Herzen der Menschen – und es ist unsere Aufgabe, sie dabei zu begleiten.

In den folgenden Kapiteln gebe ich dir einen Einblick in meine Welt des Lernens. Ich beschreibe meine Haltung, zeige auf, welche Werte wir an unserer Schule leben und versuche deutlich zu machen, dass Bildung ein Weg ist und keinesfalls starr. Ich nehme dich mit auf meinen Weg und zeige dir, wie ich versuche, meiner Aufgabe, Menschen im System bestmöglich zu begleiten, gerecht zu werden.

Schule im Wandel – Verantwortung, Herausforderungen und Chancen

Als Schulleiterin sehe ich mich jeden Tag mit neuen Herausforderungen konfrontiert. Diese Aufgabe ist anspruchsvoll, aber auch unglaublich erfüllend. Schulen sind nicht nur Lernorte, sondern wichtige Lebensräume, geprägt von den vielfältigen Menschen, die sie tagtäglich mit Leben füllen: Schülerinnen und Schüler, Lehrkräfte, Eltern - die gesamte Schulgemeinschaft. Die Ansprüche an unsere Schule sind dabei so unterschiedlich wie die Menschen selbst. Eltern, Schulaufsicht, Politik und Gesellschaft haben oft sehr verschiedene Erwartungen. Diese Interessen in Einklang zu bringen, erfordert Fingerspitzengefühl, klare Kommunikation und den Aufbau vertrauensvoller Beziehungen.

Unsere Schule ist ein Spiegelbild der Vielfalt unserer Gesellschaft. Unterschiedliche kulturelle Hintergründe, Lernbedürfnisse und soziale Herausforderungen treffen hier aufeinander. Diese Vielfalt sehe ich als große Bereicherung, denn sie fördert Toleranz und erweitert unseren Blick. Gleichzeitig fordert sie uns heraus, sensibel, anpassungsfähig und bereit zu sein, auf jede und jeden Einzelnen einzugehen. Mein Ziel ist es, dass sich jede Schülerin und jeder Schüler wertgeschätzt fühlt und die gleichen Chancen erhält. Es liegt mir am Herzen, eine inklusive Lernumgebung zu schaffen, in der alle ihr Potenzial entfalten können. Dabei erlebe ich täglich, wie wichtig es ist, den Blick über den Tellerrand hinaus zu richten und innovative Wege zu finden, um den individuellen Bedürfnissen der Jugendlichen gerecht zu werden.

Ein großes Thema, das uns immer wieder herausfordert, ist der Mangel an qualifizierten Lehrkräften. Diese Situation macht die Planung und Organisation oft zu einer echten Gratwanderung. Gleichzeitig spüre ich den hohen Druck, der auf manchen Kolleginnen und Kollegen lastet. Administrative Aufgaben und der Anspruch an pädagogische Innovationen können belastend sein. Mein Ziel ist es, meinem Team den Rücken zu stärken, ihre Arbeit wertzuschätzen und sie so gut wie möglich zu entlasten. Ich habe gelernt, wie wichtig es ist, Verantwortung zu teilen. Das fiel mir anfangs schwer, doch heute weiß ich: Vertrauen ins Team stärkt nicht nur die Kolleginnen und Kollegen, sondern auch mich selbst.

Auch die Digitalisierung hat unsere Arbeit grundlegend verändert. Es geht längst nicht mehr darum, bloß Wissen zu vermitteln, sondern darum, Informationen kritisch zu bewerten, sinnvoll zu nutzen und kreativ anzuwenden. Mit digitalen Lernplattformen können wir individueller auf die Bedürfnisse unserer Schülerinnen und Schüler eingehen. Sie lernen in ihrem eigenen Tempo und erhalten personalisierte Aufgaben. Doch die Digitalisierung bringt auch Herausforderungen mit sich: Wir müssen Lehrkräfte qualifizieren, Schülerinnen und Schüler im verantwortungsvollen Umgang mit digitalen Medien schulen und Risiken wie Cybermobbing oder Datenschutzprobleme im Blick behalten.

Ein weiteres Thema, das mir sehr am Herzen liegt, ist die Verantwortung für die Umwelt. Unsere Schülerinnen und Schüler fordern zu Recht, dass wir Antworten auf die drängenden Fragen der Klimakrise finden. Auch als Schule tragen wir Verantwortung. Sei es durch nachhaltige Beschaffung, Energieeinsparungen oder Bildungsprojekte – wir können einen Unterschied machen. Es geht darum, umweltbewusstes Verhalten zu fördern und selbst mit gutem Beispiel voranzugehen. Ich glaube fest daran, dass wir unsere Schülerinnen und Schüler nicht nur auf die Zukunft vorbereiten, sondern sie befähigen müssen, diese aktiv und verantwortungsvoll zu gestalten.

Doch bei all diesen Aufgaben dürfen wir eines nicht vergessen: die psychische Gesundheit. Leistungsdruck, soziale Medien und gesellschaftliche Unsicherheiten belasten nicht nur unsere Schülerinnen und Schüler, sondern auch uns Lehrkräfte. Deshalb ist es für mich zentral, Resilienz und achtsames Miteinander zu fördern. Pausen, Zeiten des Durchatmens und gegenseitige Unterstützung sind keine Luxusgüter, sondern essenziell, um langfristig gesund und leistungsfähig zu bleiben.

Gelassenheit ist dabei zu einer meiner wichtigsten Ressourcen geworden. Früher dachte ich, auf jede Frage sofort eine Antwort haben zu müssen. Heute weiß ich, dass es manchmal wichtiger ist, innezuhalten, durchzuatmen und sich zu fragen: Was ist jetzt wirklich wesentlich? Diese Haltung hat mir geholfen, klarer und strukturierter zu handeln und mich auf das Wesentliche zu konzentrieren. Selbstreflexion ist dabei mein Kompass. Regelmäßig frage ich mich: Was lief gut? Was kann ich besser machen? Diese ständige Reflexion ist für mich der Schlüssel zu nachhaltiger Weiterentwicklung.

Schulen sind also wesentlich mehr als Arbeitsorte. Sie sind Orte der Begegnung, des Wachstums und der Gemeinschaft. Beziehungen zu pflegen – mit den Schülerinnen und Schülern, Eltern und Kolleginnen und Kollegen – ist für mich der wichtigste Teil meiner Arbeit. Denn am Ende steht immer die Frage: Was brauchen unsere Kinder? Es macht mich glücklich zu sehen, wie wir gemeinsam eine Schulkultur schaffen, die stark, lebendig und zukunftsorientiert ist. Jede Veränderung, so klein sie auch sein mag, wirkt sich auf die Zukunft unserer Schülerinnen und Schüler aus – und genau das treibt mich an.

Der Beginn einer Vision

Als ich meine Reise durch die Welt der Bildung begann, arbeitete ich zunächst an einer Grundschule, die sich im Aufbau befand. Dort konnte ich die Freude und Herausforderungen des jahrgangsgemischten Unterrichts hautnah erleben. Später führte mich mein Weg an eine Förderschule, an der ich lernte, wie entscheidend individuelle Förderung ist, und wie bereichernd es sein kann, Schülerinnen und Schüler mit besonderen Bedürfnissen zu begleiten. Diese Erfahrungen prägten meine Sicht auf Bildung nachhaltig.

An weiterführenden Schulen entdeckte ich die Möglichkeiten fächerübergreifender Projekte, die es den Schülerinnen und Schülern erlaubten, ihre Fähigkeiten in neuen Kontexten auszuprobieren. Parallel dazu arbeitete ich in Verlagen, wo ich Materialien entwickelte, die individuelles Lernen auf innovative Weise unterstützten. Besonders inspirierend war auch meine Zeit im Ausland. Sie zeigte mir nicht nur andere Schulsysteme, sondern auch kulturelle Ansätze, die Bildung anders denken.

Am tiefsten beeinflusste mich jedoch die Montessori-Pädagogik. Ihre Grundidee, jedes Kind in seiner Einzigartigkeit zu sehen und es in seinem eigenen Tempo lernen zu lassen, entspricht voll und ganz meiner Überzeugung. Die vorbereitete Umgebung, die intrinsische Motivation weckt und natürliche Neugier fördert, schafft einen Rahmen, in dem eigenständiges Handeln und Entdecken möglich werden. Es ist für mich immer wieder bewegend zu sehen, wie diese Herangehensweise das Selbstbewusstsein und die Entwicklung von Kindern und Jugendlichen nachhaltig stärken kann.

Diese Stationen meines Lebensweges haben mir gezeigt, dass Bildung weit mehr ist als nur Wissensvermittlung. Sie ist ein Prozess des Wachsens – für alle Beteiligten. Die Begegnungen mit Schülerinnen und Schülern, Kolleginnen und Kollegen und anderen Wegbegleiterinnen und Wegbegleitern haben mich geformt und gelehrt, dass Menschlichkeit und die Bereitschaft zu lernen die Basis jeder Entwicklung sind. Heute versuche ich, all diese Erfahrungen in meine Arbeit einzubringen, um eine Schule zu schaffen, die von Empathie, Wachstum und Fortschritt geprägt ist.

Menschlichkeit – der Kern unserer Schulkultur

Unsere Schule ist für mich weit mehr als ein Ort des Lernens. Sie ist ein Lebensraum, der von gelebter Menschlichkeit geprägt sein sollte – ein Raum, in dem Respekt, Empathie und Wertschätzung den Alltag bestimmen. Diese Haltung beginnt bei mir selbst. Ich möchte sicherstellen, dass jede Begegnung, sei es mit Schülerinnen und Schülern, Lehrkräften, Eltern oder dem weiteren Schulpersonal, von Offenheit und Verständnis getragen wird.

Jeden Tag bemühe ich mich, zugänglich zu sein. Meine Tür steht allen offen – sei es für Schülerinnen oder Schüler, die Sorgen haben, oder für Kolleginnen oder Kollegen, die Unterstützung suchen. Gespräche und Zuhören haben für mich Priorität, auch wenn der Alltag hektisch ist. Ich glaube fest daran, dass wir Konflikte mit Geduld und auf Augenhöhe oft besser lösen als durch bloße Autorität.

Doch Menschlichkeit ist mehr als eine persönliche Haltung. Sie muss in der gesamten Schulkultur verankert sein. Das fängt bei den kleinen Dingen an: Wie sprechen wir miteinander? Wie gehen wir aufeinander ein? Erkennen wir die Leistungen und Persönlichkeiten anderer an? Für mich ist es wichtig, regelmäßig zu betonen, dass jeder Einzelne unserer Gemeinschaft einen wertvollen Beitrag leistet – sei es durch Engagement, Kreativität oder einfach dadurch, dass er oder sie ist, wie er oder sie ist.

Menschlichkeit ist ein Prozess. Es gibt kein Ziel, das man erreicht und abhaken kann. Jeder Tag bringt neue Herausforderungen, neue Konflikte und neue Chancen. Wir müssen aufmerksam bleiben, immer wieder innehalten und reflektieren. Stillstand ist keine Option.

Natürlich stoße ich dabei auch an Grenzen. Zeit und Ressourcen sind nicht unendlich, und die Erwartungen, die von außen an uns herangetragen werden, können Druck erzeugen. Besonders in stressigen Zeiten ist es eine Herausforderung, die Menschlichkeit nicht aus den Augen zu verlieren. Auch gibt es unterschiedliche Ansichten: Manche Eltern wünschen sich eine strengere Linie oder einen stärkeren Fokus auf Leistung. Aber ich bin überzeugt, dass Menschlichkeit und Leistung sich nicht ausschließen. Im Gegenteil – sie ergänzen einander.

Schon kleine Gesten können Großes bewirken. Ein offenes Gespräch, ein ermutigendes Wort oder ein Moment echter Wertschätzung reichen oft aus, um eine positive Veränderung herbeizuführen. Die Wirkung spüre ich jeden Tag: Kinder und Jugendliche, die sich trauen, ihre Meinung zu äußern. Kolleginnen und Kollegen, die einander unterstützen und gemeinsam Lösungen finden. Eltern, die sich für den respektvollen Umgang in unserer Schule bedanken.

Diese Momente zeigen mir, dass wir auf dem richtigen Weg sind. Menschlichkeit ist für mich nicht nur eine Vision, sondern eine Haltung, die unsere Schule prägen soll. Mein Ziel ist es, einen Ort zu schaffen, an dem sich alle sicher, wertgeschätzt und willkommen fühlen – ein Ort, an dem nicht nur Wissen, sondern auch Werte vermittelt werden.

Denn eine Schule, die Menschlichkeit lebt, bereitet junge Menschen nicht nur auf Prüfungen, sondern auf das Leben vor. Und das ist eine Verantwortung, die ich jeden Tag mit Freude trage.

Schulentwicklung – ein Weg der gemeinsamen Veränderung

Ich bin überzeugt: Eine Schule kann nur dann ihr volles Potenzial entfalten, wenn sie bereit ist, sich stetig weiterzuentwickeln. Unsere Welt verändert sich in einem rasanten Tempo, und wenn wir unsere Schülerinnen und Schüler auf die Zukunft vorbereiten wollen, müssen wir selbst offen und flexibel bleiben. Das bedeutet für mich, eine Kultur der Veränderung und Innovation zu schaffen, die von allen getragen wird.

Veränderung beginnt bei mir selbst. Ich hinterfrage bestehende Prozesse, suche nach neuen Lösungen und lebe den Wandel vor. Für mich ist Schule ein lebendiger Ort, geprägt von Mut, Engagement und dem Willen, immer besser zu werden. Diese Haltung möchte ich auch in meinem Team fördern. Ich ermutige meine Kolleginnen und Kollegen, neue pädagogische Ansätze auszuprobieren und sich weiterzubilden. Dabei weiß ich: Veränderung kann Unsicherheit auslösen. Doch ich bin überzeugt, dass wir durch gegenseitige Unterstützung und eine offene Fehlerkultur daran wachsen können. Fehler sind keine Rückschläge – sie sind wertvolle Chancen, etwas zu lernen und besser zu machen.

Schulentwicklung ist immer ein Gemeinschaftsprojekt. Lehrerinnen und Lehrer, Schülerinnen und Schüler sowie Eltern und alle anderen am Schulleben Beteiligten tragen gemeinsam dazu bei, dass unsere Schule ein Ort wird, der sich den Herausforderungen der Gegenwart stellt und zugleich die Zukunft im Blick behält. Ich setze auf einen offenen Dialog, denn nur wenn alle an einem Strang ziehen, können wir Großes erreichen. Vertrauen ist dabei die Basis: Ich höre zu, schaffe Freiräume und setze klare Ziele.

Natürlich gibt es dabei auch Widerstände. Veränderungen stoßen nicht immer auf Zustimmung. Doch genau darin sehe ich eine wichtige Aufgabe: Menschen mitzunehmen, sie zu inspirieren und für eine gemeinsame Vision zu begeistern. Schulentwicklung bedeutet nicht, alles auf einmal zu verändern, sondern Schritt für Schritt besser zu werden.

Am Ende des Tages treibt mich eine zentrale Frage an: Was brauchen unsere Schülerinnen und Schüler? Ihre Zukunft hängt davon ab, wie gut wir sie auf eine Welt vorbereiten, die ständig im Wandel ist. Diese Verantwortung motiviert mich, jeden Tag mein Bestes zu geben – für eine Schule, die nicht nur den Anforderungen von heute gerecht wird, sondern auch die von morgen im Blick hat.

So wie unsere Schülerinnen und Schüler oder meine Kolleginnen und Kollegen, stehe auch ich jeden Tag vor neuen Herausforderungen. Dabei gilt für mich ein Grundsatz: Führung bedeutet nicht, alles zu wissen oder immer die richtigen Entscheidungen zu treffen. Vielmehr sehe ich meine Rolle als Schulleiterin als einen ständigen Lernprozess. Denn Bildung – und damit auch Führung – ist niemals abgeschlossen.

Für mich ist Lernen keine starre Bewegung auf ein fest definiertes Ziel hin, sondern eine Haltung. Es bedeutet, offen zu bleiben, flexibel zu handeln und den Mut zu haben, sich auf Neues einzulassen. Diese Haltung prägt nicht nur meinen Umgang mit Herausforderungen, sondern auch meine Vision für unsere Schule. Ich sehe sie als eine lernende Gemeinschaft, in der alle – Schülerinnen und Schüler, Lehrkräfte und auch ich selbst – jeden Tag dazulernen.

Dabei ist es mir wichtig, selbst Vorbild zu sein. Ich möchte zeigen, dass Führung von Reflexion und Veränderungsbereitschaft lebt. Rückschläge gehören dazu – sie sind Gelegenheiten, innezuhalten, nachzudenken und nach besseren Wegen zu suchen. Diese Offenheit gegenüber Fehlern sehe ich nicht als Schwäche, sondern als Stärke. Sie schafft Vertrauen und ermutigt andere, mutig zu sein und Neues auszuprobieren.

Die dynamischen Veränderungen in der Gesellschaft – von der Digitalisierung über Diversität bis hin zur Förderung der psychischen Gesundheit – fordern uns alle heraus. Alte Konzepte funktionieren nicht immer, und ich sehe es als meine Aufgabe, kreative und lösungsorientierte Wege zu finden. Indem ich meine Rolle als Lernende annehme, zeige ich, dass wir gemeinsam besser werden können – wenn wir den Mut haben, uns immer wieder auf Unbekanntes einzulassen.

Diese Haltung erleichtert mir auch den Umgang mit Unsicherheiten. Ich gebe zu, wenn etwas nicht wie geplant funktioniert hat. Das ist nicht immer leicht, aber ich habe gelernt: Genau in dieser Offenheit liegt eine besondere Stärke. Sie signalisiert, dass niemand perfekt sein muss, um erfolgreich zu sein.

Meine Führungsphilosophie lässt sich deshalb auf einen einfachen Satz herunterbrechen: Wer Bildung gestalten will, muss selbst bereit sein zu lernen. Dieser Ansatz schafft Raum für Austausch, Innovation und Zusammenarbeit – Werte, die unsere Schulkultur bereichern und uns als Gemeinschaft stärken.

Ich freue mich, Teil einer Schule sein zu dürfen, die sich kontinuierlich entwickelt. Mein Weg ist nicht perfekt, aber genau das macht ihn wertvoll. Denn so wie unsere Schülerinnen und Schüler, so lerne auch ich jeden Tag dazu. Gemeinsam gestalten wir eine Schule, die für die Herausforderungen von heute gewappnet ist – und für die von morgen.

Bedürfnisse und Erwartungen – eine Frage der Balance

Eine der größten Herausforderungen als Schulleiterin ist es, verschiedene Bedürfnisse und Erwartungen in Einklang zu bringen. Das Kollegium, Schülerinnen und Schüler, Eltern und übergeordnete Instanzen wie Schulbehörden haben oft unterschiedliche Ansprüche, die nicht immer miteinander vereinbar sind. Hier gilt es, mit Fingerspitzengefühl zu führen und eine Balance zwischen den einzelnen Interessen herzustellen, ohne dabei den eigenen Kompass zu verlieren.

Das bedeutet auch, klare Grenzen zu ziehen: Wo liegt der Fokus der Schule? Welche Werte und Ziele möchten wir gemeinsam verfolgen? Diese Orientierungspunkte helfen dabei, Prioritäten zu setzen und die tägliche Arbeit an einer gemeinsamen Vision auszurichten. Dennoch bleibt es eine ständige Aufgabe, Entscheidungen zu treffen, die nicht immer alle Erwartungen erfüllen können – und diese transparent zu kommunizieren, um Missverständnisse und Frustration zu vermeiden.

Ein zentrales Element meiner Arbeit ist deshalb die Schaffung einer Kultur der Wertschätzung. Denn Wertschätzung ist nicht nur ein Gefühl, sondern eine Haltung, die den Umgang miteinander prägt. Jede Lehrkraft bringt individuelle Stärken, Ideen und Perspektiven mit, die für das Team und die

Schule wertvoll sind. Durch Anerkennung und Respekt füreinander schaffen wir ein Umfeld, in dem sich alle ermutigt fühlen, ihr Bestes zu geben.

Besonders in schwierigen Zeiten zeigt sich, wie wichtig ein wertschätzender Umgang ist. Wenn Herausforderungen auftreten, sei es durch personelle Engpässe oder unerwartete Probleme im Schulalltag, möchte ich, dass mein Team weiß: Wir stehen zusammen. Probleme lösen wir gemeinsam, und niemand bleibt mit seinen Sorgen allein.

Bei alledem ist Sicherheit die Basis. Sie ist ein entscheidender Faktor, um Veränderungen und Weiterentwicklung im Kollegium zu ermöglichen. Menschen benötigen einen festen Boden unter den Füßen, bevor sie bereit sind, Neues auszuprobieren und Unsicherheiten zu akzeptieren. Gerade in einem Bereich wie der Schule, in dem tägliche Herausforderungen auf vielen Ebenen auftreten, ist das Gefühl von Stabilität ein entscheidender Erfolgsfaktor. Doch Sicherheit darf nicht statisch sein; sie muss flexibel genug gestaltet werden, um Raum für Innovation und Veränderung zu lassen.

Die Sicherheit, die ich meinem Team bieten möchte, dient als Grundlage, um gemeinsam mutige Schritte in Richtung einer zukunftsfähigen Schule zu gehen. In einer Zeit, in der die Anforderungen an das Bildungssystem ständig wachsen, müssen wir bereit sein, neue Wege zu beschreiten und innovative Ansätze zu wagen. Doch dies gelingt nur, wenn wir uns dabei sicher und unterstützt fühlen.

Die Schaffung einer Balance zwischen Stabilität und Flexibilität ist ein kontinuierlicher Prozess. Einerseits möchte ich klare Strukturen und Abläufe etablieren, die allen im Team Orientierung bieten. Andererseits ist es mir wichtig, dass wir gemeinsam agil bleiben und auf neue Herausforderungen reagieren können. Veränderungsprozesse sollen in einem Rahmen stattfinden, der von Vertrauen, Respekt und Unterstützung getragen wird.

Ein Schlüssel dazu ist die offene Kommunikation. Veränderungen und Entscheidungen werden transparent erklärt, um Unsicherheiten vorzubeugen und alle Beteiligten mitzunehmen. Wenn ein neues Konzept, eine

Umstrukturierung oder andere Neuerungen eingeführt werden, nehme ich mir die Zeit, die Hintergründe zu erläutern und auf individuelle Fragen einzugehen. Gleichzeitig ermutige ich das Team, eigene Perspektiven und Bedenken einzubringen. So schaffen wir gemeinsam ein Verständnis, das Sicherheit gibt.

Mein Ziel ist es, eine Schulgemeinschaft zu fördern, die offen für Veränderung ist, ohne die Stabilität und die bewährten Werte aus den Augen zu verlieren. Es geht darum, ein Klima zu schaffen, in dem Wachstum und Wandel nicht als Bedrohung, sondern als Chance gesehen werden – für jeden Einzelnen und für uns als Team.

Es ist mir somit ein echtes Herzensanliegen, eine Kultur der Offenheit und des gegenseitigen Vertrauens zu schaffen – eine Schule, in der Türen buchstäblich und im übertragenen Sinne immer offen stehen. So eine Kultur entsteht nicht über Nacht. Sie braucht Zeit, Geduld und ein Handeln, das konsequent und respektvoll ist. Hierbei gibt es einige Prinzipien, die mich leiten und mir helfen, eine Atmosphäre des offenen Austauschs zu fördern:

Ich lebe es vor. Meine Tür steht immer offen – sowohl physisch als auch metaphorisch. Ich lade alle Kolleginnen und Kollegen ein, jederzeit hereinzukommen, sei es für ein kurzes Gespräch, um eine Idee zu teilen oder einfach, um „Hallo" zu sagen. Doch auch ich gehe aktiv in die Lernräume und Arbeitsbereiche, nicht aus einem Bedürfnis nach Kontrolle, sondern aus echter Neugier und Wertschätzung für die Arbeit meines Teams.

Offenheit ist für mich ein zentrales Thema, das ich immer wieder anspreche. Ich erkläre, warum ich mir eine Schule wünsche, in der Türen offen stehen, weil diese Offenheit den Austausch fördert, Barrieren abbaut und uns einander näherbringt. Dabei geht es nicht um Kontrolle oder Eingriffe, sondern um den Wunsch, gemeinsam zu lernen und miteinander zu wachsen.

Eine offene Tür ist nur dann einladend, wenn Vertrauen spürbar ist. Deshalb arbeite ich täglich daran, eine Atmosphäre zu schaffen, in der sich niemand beobachtet oder bewertet fühlt, sondern sicher und willkommen. Fehler und Herausforderungen gehören dazu – und wir gehen gemeinsam damit um.

Es gehört für mich zum Alltag, regelmäßig die Lernräume und Fachbereiche zu besuchen – nicht als besondere Maßnahme, sondern als gelebte Normalität. Ich bin da, ohne aufdringlich zu sein, und respektiere stets die Arbeit meiner Kolleginnen und Kollegen. Gleichzeitig lade ich mein Team ein, ebenso bei mir „ein- und auszugehen", ganz ohne Voranmeldung.

Wir sprechen im Kollegium regelmäßig über die Bedeutung von Offenheit und reflektieren, wie wir diese in unserem Alltag noch weiter stärken können. Wir üben uns in Wertschätzung und respektvollem Feedback, denn Offenheit bedeutet auch, Kritik zu äußern und anzunehmen, ohne Angst vor negativen Konsequenzen. Die Schulräume tragen ebenfalls zur offenen Kultur bei. Sie sollen Transparenz fördern und Begegnungen ermöglichen. Natürlich respektiere ich auch die Notwendigkeit von Rückzug und Konzentration, wenn diese nötig sind. Offenheit bedeutet für mich nicht, Grenzen zu ignorieren, sondern ein ausgewogenes Verhältnis zwischen Privatsphäre und Austausch zu wahren.

Eine offene Tür ist für mich mehr als ein Symbol – sie steht für eine Haltung, die auf Vertrauen, Respekt und gemeinschaftlichem Lernen basiert. Indem wir uns einladen, voneinander zu lernen und miteinander zu wachsen, schaffen wir eine Schule, die lebendig, verbunden und menschlich ist – genau das ist der Ort, den ich mir für mein Team, unsere Schülerinnen und Schüler und mich selbst wünsche.

Die Kunst der Beobachtung

Genau wie das aufmerksame Beobachten der Schülerinnen und Schüler den Unterricht bereichert, ist eine feine Beobachtungsgabe auch in meiner Rolle als Schulleiterin unverzichtbar. Unsere Schule ist ein lebendiges System, in dem täglich zahllose Interaktionen stattfinden – zwischen Schülerinnen und Schülern, Lehrkräften, Eltern und anderen Mitarbeitenden. Nur wer genau hinschaut, versteht, was wirklich vor sich geht, und kann entsprechend reagieren.

Oft zeigen sich Probleme nicht direkt in Worten, sondern in kleinen Gesten oder Verhaltensänderungen. Ein Kollege wirkt in der Besprechung zurückhaltender als sonst, eine Schülerin zieht sich immer weiter zurück, oder Eltern äußern subtile Anzeichen von Unsicherheit. Diese Signale aufzunehmen, ist der erste Schritt, um Unterstützung anzubieten oder Lösungen zu finden.

Neben diesen individuellen Beobachtungen achte ich auch auf strukturelle Entwicklungen. Wie werden neue pädagogische Konzepte umgesetzt? Wie entwickeln sich die Ergebnisse in einzelnen Lerngruppen? Gibt es Bereiche, in denen das Schulklima kippen könnte? Diese Fragen zu stellen und die Dynamiken im Blick zu haben, ist ebenso wichtig wie das Einfühlungsvermögen in den Einzelfall.

Doch Beobachtung allein reicht nicht aus. Es ist ebenso wichtig, die gewonnenen Eindrücke zu reflektieren und angemessen zu handeln. Dabei helfen mir Gespräche und Rückmeldungen aus dem Kollegium, von den Schülerinnen und Schülern oder deren Eltern, um ein vollständigeres Bild zu erhalten. Diese Kombination aus Beobachtung, Reflexion und Handeln ist für mich essenziell, um die Schule aktiv zu gestalten und nicht nur zu verwalten.

Gute Beobachtung bedeutet für mich nicht, jede Kleinigkeit zu kontrollieren. Es geht vielmehr darum, mit einem aufmerksamen, aber respektvollen Blick das Beste für die gesamte Schulgemeinschaft zu fördern. So entstehen vorausschauende Entscheidungen, die das Schulklima stärken und letztlich den Erfolg unserer Schülerinnen und Schüler unterstützen.

Für mich ist Kommunikation das A und O. Schon beim Betreten meines Büros merkt man sofort: Hier geht es nicht um Hierarchien, sondern um Begegnung. Die einladende Sitzgruppe im Zentrum des Raumes ist das Herzstück meines Büros. Sie vermittelt die Botschaft: „Setz dich, lass uns reden." Egal, ob Kollegin oder Kollege, Schülerin oder Schüler, Elternteil, Hausmeister oder Reinigungskraft – hier ist jede und jeder willkommen. Der Dialog steht immer im Vordergrund.

Mein Schreibtisch steht bewusst im Hintergrund. Er ist funktional, ein Ort der Arbeit, aber im Zentrum des Raumes hat er keinen Platz. Ich möchte nicht, dass Menschen sich hier wie in einem Arbeitszimmer fühlen. Kommunikation auf Augenhöhe – das ist es, was ich mit meinem Büro vermitteln möchte.

Die Sitzgruppe besteht aus bequemen Stühlen und einem kleinen runden Tisch. Die Anordnung ermöglicht uns, uns direkt gegenüber zu sitzen, ohne Barrieren dazwischen. Die Atmosphäre ist warm und persönlich, denn der Raum soll nicht nur praktisch sein, sondern auch eine Einladung zur Begegnung darstellen. Der Raum erzählt ein Stück von mir und signalisiert, dass ich Teil dieser Gemeinschaft bin und nicht über ihr stehe.

Um diese offene Kommunikation zu fördern, habe ich verschiedene Maßnahmen entwickelt. Im Kollegium lege ich großen Wert auf regelmäßige Besprechungen. Diese dienen nicht nur dem Informationsaustausch, sondern auch der Möglichkeit, Feedback zu geben und zu erhalten. Zudem biete ich feste Zeiten für offene Tür-Politik an, bei denen Kolleginnen und Kollegen direkt mit mir sprechen können.

Eine Feedback-Kultur ist mir besonders wichtig. Konstruktives Feedback sollte in beide Richtungen fließen – von mir zu den Lehrkräften und umgekehrt. Das stärkt das Vertrauen und die Zusammenarbeit im Team. Zudem nutze ich digitale Plattformen, um die Kommunikation zu vereinfachen und die Zusammenarbeit zu fördern.

Auch die Kommunikation mit den Schülerinnen und Schülern und ihren Eltern ist mir ein Anliegen. Regelmäßige Sprechstunden und Elternabende sind dabei ebenso wichtig wie digitale Kommunikationskanäle, die den Austausch unkompliziert und effizient gestalten.

Nicht zuletzt auch in meiner Rolle als Schulleiterin sehe ich mich als Vorbild. Ich höre aktiv zu und reagiere wertschätzend auf Meinungen und Vorschläge. Auch in schwierigen Situationen ist es mir wichtig, Konflikte konstruktiv zu lösen und zu zeigen, wie respektvolle Kommunikation funktioniert.

Letztlich geht es mir darum, eine Kultur der offenen Kommunikation zu schaffen – eine Kultur, die auf Vertrauen, Respekt und Zusammenarbeit basiert. Denn ich bin überzeugt, dass eine solche Kommunikation das Schulklima verbessert und die Zusammenarbeit stärkt. Und genau diese Zusammenarbeit trägt dazu bei, dass unsere Schule weiter wächst und sich positiv entwickelt.

Das Duzen – ein bewusst gewählter Weg an unserer Schule

Seit der Gründung unserer Schule haben wir uns bewusst dafür entschieden, das „Du" als gängige Anrede zu etablieren. Unter uns Lehrkräften, mit den Eltern und den Schülerinnen und Schülern. Diese Entscheidung, die vom Kollegium gemeinsam getroffen wurde, prägt unsere Schulkultur bis heute.

Das „Du" schafft von Anfang an eine Atmosphäre der Nähe und Offenheit. Schülerinnen und Schüler fühlen sich durch diese Anrede ermutigt, ihre Anliegen direkt und ungezwungen anzusprechen. Es gibt keine künstliche Barriere zwischen ihnen und uns Lernbegleitungen, was die Kommunikation erleichtert und das Vertrauensverhältnis stärkt.

Auch Eltern profitieren von dieser Umgangsform. Sie begegnen uns auf Augenhöhe, ohne dass das „Sie" eine Distanz suggeriert, die oft als förmlich oder abgrenzend empfunden wird. In Elterngesprächen erlebe ich immer wieder, wie das „Du" dazu beiträgt, eine kooperative und lösungsorientierte

Atmosphäre zu schaffen. Das stärkt die gemeinsame Arbeit für das Wohl der Kinder.

Für uns bedeutet das Duzen vor allem eines: Es signalisiert, dass wir Begleiterinnen und Begleiter der Schülerinnen und Schüler sind, nicht nur Autoritätspersonen. Diese Haltung spiegelt sich auch im Unterricht wider. Die Rolle als vertrauensvolle Unterstützung wird durch das „Du" untermauert, ohne dass dabei Professionalität oder klare Strukturen verloren gehen.

Natürlich birgt das Duzen auch Herausforderungen. Manche Eltern oder Gäste, die unsere Schule nicht kennen, sind zunächst irritiert. Die Sorge, dass das Duzen Respekt oder Disziplin mindern könnte, hören wir hin und wieder – vor allem von außen. Doch in der Praxis zeigt sich immer wieder, dass Respekt nicht von der Anrede abhängt, sondern von der Haltung, mit der wir einander begegnen.

Um diese Haltung zu fördern, legen wir großen Wert auf klare Regeln für den Umgang miteinander. Der gegenseitige Respekt steht dabei im Mittelpunkt, und das gilt für alle: Schülerinnen und Schüler, Eltern und Lehrkräfte. Diese Werte leben wir täglich, und sie geben uns Sicherheit, auch in schwierigen Situationen.

Unsere bewusste Entscheidung für das Duzen war nicht nur eine sprachliche, sondern auch eine pädagogische. Sie spiegelt unsere Überzeugung wider, dass Schule ein Ort des gemeinsamen Lernens und Wachsens ist. Durch das „Du" schaffen wir eine offene, vertrauensvolle Schulkultur, die von gegenseitigem Respekt geprägt ist.

Ich bin überzeugt, dass wir mit dieser Haltung einen wichtigen Beitrag dazu leisten, Schülerinnen und Schüler in ihrer Entwicklung zu unterstützen. Sie lernen, dass Respekt nicht durch Hierarchien oder Förmlichkeit entsteht, sondern durch ein achtsames Miteinander. Diese Werte sind es, die unsere Schule ausmachen – und die wir auch in Zukunft bewahren wollen.

Als ich meine neue Rolle als Schulleiterin antrat, war ich voller Enthusiasmus und hatte eine klare Vorstellung davon, wie unsere Schule sein sollte: ein Ort, an dem jedes Kind sein Potenzial entfalten kann und an dem wir als Team mit Herz und Verstand zusammenarbeiten. In meinem Kopf war alles durchdacht – die Ziele, die Schritte, die Vision. Doch eine Vision wird erst dann lebendig, wenn sie geteilt wird. Deshalb war es für mich entscheidend, meine Vorstellungen im Kollegium zu kommunizieren und gemeinsam weiterzuentwickeln.

Schon die ersten Gespräche zeigten, dass dies kein leichter Weg sein würde. Ich traf auf ein Team voller wunderbarer Menschen, die jedoch ganz unterschiedliche Perspektiven, Erfahrungen und Ansätze mitbrachten. Manche teilten meine Vision sofort, andere hatten bereits eigene Wege gefunden, ihren Unterricht zu gestalten. Und wieder andere reagierten zunächst mit Skepsis oder Zurückhaltung. Schnell wurde mir klar: Eine gemeinsame Vision entsteht nicht von allein. Sie braucht eine gemeinsame Sprache – nicht nur in den Worten, sondern in ihrer Bedeutung und Umsetzung.

Zu Beginn arbeiteten wir an Definitionen, die auf den ersten Blick selbstverständlich schienen, sich aber als erstaunlich vielschichtig entpuppten. Begriffe wie „Lernbegleitung" oder „Leistung" füllten ganze Teamsitzungen, in denen wir uns auf eine gemeinsame Grundlage verständigten. Inzwischen sind einige Jahre vergangen, und wir haben vieles geklärt – zumindest theoretisch. Die Praxis hingegen zeigt, dass diese Definitionen immer wieder aufs Neue mit Leben gefüllt werden müssen.

Unsere Haltung als Lernbegleiterinnen und Lernbegleiter orientiert sich an den Prinzipien der Montessori-Pädagogik. Im Mittelpunkt steht dabei das Kind als einzigartiges Individuum mit einem eigenen Tempo, eigenen

Interessen und Potenzialen. Wir vertrauen darauf, dass jedes Kind von Natur aus neugierig ist und lernen möchte.

Die Aufgabe der Lernbegleitung ist es, eine strukturierte und anregende Umgebung zu schaffen, die den Entwicklungsbedürfnissen der Schülerinnen und Schüler entspricht. An unserer Schule haben wir uns bewusst von der reinen Wissensvermittlung abgewandt. Stattdessen begleiten wir die Lernenden individuell und unterstützen sie dabei, eigene Ziele zu setzen, Lösungswege zu finden und Verantwortung für ihr Lernen zu übernehmen.

Diese Haltung erfordert, dass wir uns als Lernbegleitende bewusst zurücknehmen. Wir bleiben im Hintergrund, sind aber immer präsent, wenn Orientierung oder Unterstützung gebraucht wird. Statt Fehler direkt zu korrigieren, geben wir den Lernenden Raum, selbst Lösungen zu entwickeln. Statt Druck auszuüben oder Leistungsziele vorzugeben, ermutigen wir Lernende sich Herausforderungen zu stellen. Wir bewerten nicht, sondern erkennen Fortschritte und Bemühungen an. Diese Haltung basiert auf Respekt, Geduld und Vertrauen in die Fähigkeiten jedes Menschen.

Lernbegleitung bedeutet für uns auch, eine Beziehung auf Augenhöhe zu gestalten. Es geht darum, zuzuhören, zu ermutigen und den Lernenden den Raum zu geben, ihre eigenen Erfahrungen zu machen. Manchmal braucht es dabei einen sanften Schubs, manchmal einfach nur ein offenes Ohr. Besonders in einer Zeit, in der eigenverantwortliches Lernen immer wichtiger wird, ist diese Rolle zentral.

Unsere Vision ist es, eine Schule zu schaffen, in der Kinder und Jugendliche Freude am Lernen entwickeln und diese ein Leben lang bewahren. Lernbegleiterinnen und Lernbegleiter sind dabei nicht Wissensvermittler im traditionellen Sinn, sondern Partnerinnen und Partner, die Kinder und Jugendliche inspirieren und sie individuell auf ihrem Weg begleiten.

Innerhalb unserer Gesellschaft steht die Bildung an einem Wendepunkt. Wir haben erkannt, dass reines Wissen allein nicht mehr ausreicht, um den Anforderungen der Gegenwart und Zukunft gerecht zu werden. Kreativität, kritisches Denken, emotionale Intelligenz und digitale Kompetenz sind Fähigkeiten, die heute und morgen entscheidend sind. Doch diese Veränderung erfordert mehr als neue Inhalte – sie verlangt aus meiner Sicht eine grundlegende kulturelle und zwischenmenschliche Transformation.

Veränderungen im Bildungssystem sind keine Selbstläufer. Das müssen wir uns bewusst machen. Sie gelingen nur, wenn die Menschen, die bereits im System arbeiten, aktiv dabei begleitet und unterstützt werden. Lehrerinnen und Lehrer brauchen Fortbildungen, Austauschformate und Coaching, um den Sinn neuer Ansätze zu erkennen und sich in ihrer Rolle weiterzuentwickeln. Wer sich bereits auf den Weg gemacht hat, braucht Bestärkung. Und wer noch zögert, muss ermutigt werden, Sicherheit im Unbekannten zu finden.

Dabei liegt die größte Herausforderung – und zugleich die größte Chance – im Schulalltag. Die Frage, wie ich es betrachten möchte, ist hierbei ebenfalls eine Frage der Haltung. Im Schulalltag treffen Theorie und Praxis unmittelbar aufeinander. Der Alltag bietet den Raum, um gemeinsam zu diskutieren, auszuprobieren und eine gesunde Fehlerkultur zu fördern. Veränderung kann nur gelingen, wenn wir bereit sind, auch im laufenden Betrieb zu lernen und uns weiterzuentwickeln.

Bildung ist ein gemeinsamer Weg. Der Weg selbst ist das Ziel. Und auch wenn die Umsetzung nicht immer einfach ist, ist es ermutigend zu sehen, wie der Wille zur Veränderung wächst. Jetzt kommt es darauf an, diesen Wandel klug und nachhaltig zu gestalten.

So wünsche ich mir sehr, dass wir als Gesellschaft endlich anders über Schule nachdenken. Immer wieder begegnet mir die Vorstellung, Schule sei vor allem eines: ein notwendiges Übel. Ein Ort, den man durchlaufen muss, weil es keine andere Wahl gibt. Das schmerzt mich, denn ich erlebe jeden Tag, wie wichtig Schule ist – für die Kinder und Jugendlichen, für die Gemeinschaft und letztlich für uns alle.

Leider spiegelt sich diese negative Sichtweise in vielen Gesprächen und Medienberichten wider. Da ist ständig die Rede von Problemen, von Überforderung, von Scheitern. Aber wenn Schule immer nur als Hindernis dargestellt wird, dann prägt das die Schülerinnen und Schüler. Sie spüren die fehlende Wertschätzung, übernehmen die Resignation – und wie sollen sie motiviert bleiben, wenn sie ständig hören, Schule sei nichts als ein Zwang und zum Scheitern verurteilt?

Ich verstehe und bin mir dessen sehr bewusst, dass es Herausforderungen gibt. Aber ich bin überzeugt, dass wir viel mehr erreichen können, wenn wir die Perspektive ändern. Schule ist ein Ort voller Möglichkeiten! Hier werden nicht nur Matheformeln und Grammatikregeln gelernt, sondern vor allem die Grundlagen für ein gutes Leben: Verantwortung, Selbstbewusstsein, Teamarbeit. Wir als Gesellschaft müssen das endlich erkennen und gemeinsam daran arbeiten, Schule zu einem wertvollen, positiven Ort zu machen.

In diesem Sinne wünsche ich mir auch mehr Unterstützung von den Medien. Viel zu oft wird in den Schlagzeilen nur auf das Negative geschaut: überlastete Lehrkräfte, mangelnde Ausstattung, schlechte Ergebnisse. Diese Berichte sind wichtig – keine Frage. Aber sie erzählen eben nicht die ganze Wahrheit. Es gibt so viele tolle Projekte, so viele engagierte Menschen, die jeden Tag alles geben, damit Kinder wachsen können. Warum wird darüber so selten berichtet?

Die Medien haben eine unglaubliche Macht. Sie können Bilder formen und Meinungen beeinflussen. Wenn sie Schule größtenteils als Problem darstellen, verlieren wir alle. Denn auch unsere Schülerinnen und Schüler lesen diese Berichte. Sie bekommen das Gefühl, dass Schule nichts wert ist. Und wenn sie das glauben, wie sollen sie dann stolz auf ihre Leistungen sein oder sich einbringen? Wir alle brauchen positive Geschichten, die zeigen, was Schule leisten kann – und was sie jeden Tag leistet.

Besonders dringend wünsche ich mir mehr Unterstützung von der Politik. Es tut weh zu sehen, wie wenig Raum Bildung auf der politischen Agenda hat. Wir wissen alle, dass die Zukunft unserer Gesellschaft von gut ausgebildeten Menschen abhängt. Und trotzdem wird in Schulen an allen Ecken und Enden gespart: zu wenig Lehrkräfte, marode Gebäude, veraltete Technik. Das kann doch nicht unser Ernst sein!

Ich sehe jeden Tag, wie sehr sich meine Kolleginnen und Kollegen bemühen, das Beste aus den Bedingungen zu machen. Aber es reicht einfach nicht. Wenn wir Kinder und Jugendliche wirklich fördern wollen – und das sollten wir, denn sie sind unsere Zukunft – dann brauchen wir bessere Rahmenbedingungen. Schulen dürfen kein Sparmodell sein. Sie sollten Vorbilder sein! Orte, die inspirieren, die modern und gerecht sind, die den besten Start ins Leben bieten.

Ich glaube fest daran, dass Veränderung möglich ist. Aber sie beginnt bei uns allen: in unserer Haltung, in unserer Wertschätzung und in unserer Bereitschaft, Schule nicht nur zu kritisieren, sondern aktiv mitzugestalten. Wenn wir gemeinsam daran arbeiten, können wir Großes erreichen – für die Kinder, für die Lehrkräfte, für uns alle.

Ich wünsche mir, dass wir diesen Weg gehen. Denn Schule ist kein Hindernis. Schule ist eine Chance.

Die Vision einer Bildung für die Zukunft – ein Gedankenspiel

Wer schon einige Seiten gelesen hat, der weiß, dass ich die Haltung der Lernbegleiterin auch als Schulleiterin lebe. Aber, was würde passieren, wenn wir den Ansatz der Haltung „Unsichtbar - aber präsent" noch weiter führen würden? Ich bin mir sicher, die Übertragung eines solchen Führungsansatzes auf Bezirksregierungen, Ministerien, Universitäten und letztlich auf die gesamte Gesellschaft hätte transformative Auswirkungen. Führung würde hier nicht mehr als reine Verwaltung oder bürokratische Routine verstanden, sondern als dynamischer, zukunftsweisender und gemeinschaftlicher Prozess. Ein Prozess, der Innovation vorantreibt, Flexibilität ermöglicht und Kollaboration als Schlüssel zum Erfolg erkennt.

Als Schulleiterin ist es mein Traum, dass die Prinzipien, die wir im Kleinen leben, die gesamte Bildungslandschaft und darüber hinaus durchdringen. Ich wünsche mir eine Bildungswelt, die Mut macht und Zukunft gestaltet – von der Schulpolitik über die Hochschulen bis hin zu jedem Einzelnen und jeder Einzelnen in der Gesellschaft.

Ich träume von einer Schulpolitik, die sich nicht in Vorschriften und Verwaltungsakten verliert, sondern klare Visionen für die Bildung von morgen entwickelt. Eine Politik, die uns Schulleitungen ermutigt, innovativ zu sein, Dinge auszuprobieren und auch Fehler als Lernchancen zu sehen. Sie sollte auf uns hören – und auf die Stimmen der Schülerinnen und Schüler, Lehrkräfte und Eltern. Denn die besten Lösungen entstehen aus der Praxis.

Es braucht Ministerien und Bezirksregierungen, die den Mut haben, Experimente zuzulassen, anstatt sie zu blockieren. Ein System, das Fortschritt belohnt, nicht den Status quo verteidigt. Wir benötigen Menschen in Schlüsselpositionen, die erkennen, dass ihre Aufgabe weit über die Verwaltung hinausgeht: Sie tragen die Verantwortung, die Bildung aktiv mitzugestalten und für kommende Generationen neu zu denken.

Für unsere Universitäten wünsche ich mir, dass sie zu offenen, lebendigen Innovationszentren werden – Räume, in denen die Praxis auf die Wissenschaft trifft und beide voneinander lernen. Hochschulen sollten Studierende nicht nur ausbilden, sondern sie vor allem inspirieren, mutig neue Wege zu gehen und die Welt zu verändern.

Ich stelle mir Universitäten vor, die uns Schulleitungen und Lehrkräften als starke Partner zur Seite stehen – mit praxisorientierter Forschung,

Fortbildungen, die neue Perspektiven eröffnen, und einer engen Verbindung zur schulischen Realität.

Vor allem aber träume ich von einer Gesellschaft, die Bildung als gemeinsame Aufgabe versteht. Schulen dürfen nicht allein für die Entwicklung der nächsten Generation verantwortlich sein. Wenn wir wirklich wollen, dass Kinder zu kreativen, kritischen und verantwortungsbewussten Menschen heranwachsen, müssen alle Akteure zusammenarbeiten: Unternehmen, Politik, Familien, kulturelle Einrichtungen und die Medien.

Bildung sollte überall stattfinden – im Klassenzimmer, in der Freizeit, am Arbeitsplatz. Jeder Beitrag zählt. Es braucht ein breites Bewusstsein dafür, dass Bildung nicht nur Aufgabe der Schule ist, sondern Fundament unserer gemeinsamen Zukunft.

Was wir brauchen, ist eine Kultur, in der Mut und Veränderung gefeiert werden. In der Menschen sich gegenseitig inspirieren und ermutigen, statt in der Angst vor Fehlern zu verharren. Eine Kultur, die Wachstum ermöglicht – für jeden Einzelnen und für die Gesellschaft als Ganzes. Denn nur in einem solchen Umfeld kann Schule zu einem Ort werden, der nicht nur auf die Gegenwart reagiert, sondern die Zukunft aktiv gestaltet.

Es ist an der Zeit, diese Vision in die Realität zu überführen. Die Theorie ist klar, die Grundlagen sind gelegt. Jetzt gilt es, den Ansatz mit Leben zu füllen – mutig, konsequent und in dem festen Glauben daran, dass Veränderung möglich ist. Nur gemeinsam können wir eine Bildungslandschaft schaffen, die uns alle stärkt und zu einem besseren Morgen führt.

Lass es uns doch mal mit unterschiedlichen Rollen durchspielen und ausprobieren. Lass uns unsere Definition der Lernbegleitung als Grundlage nehmen und lass uns schauen, was passiert. Mit Dozenten und Dozentinnen oder Professoren und Professorinnen und Studierenden, mit Fachleiterinnen und Fachleitern und Lehramtsanwärtern und -anwärterinnen, mit der Schulaufsicht und Schulleitungen, mit Schulministerien und den Bezirksregierungen usw.

Nur mal so. Rein theoretisch:

Kultusministerkonferenz - unsichtbar, aber präsent

Unsere (=aller in der Kultusministerkonferenz zusammenarbeitenden Ministerinnen und Minister ebenso wie Senatorinnen und Senatoren der Länder) Haltung orientiert sich an den Prinzipien der Montessori-Pädagogik. Im Mittelpunkt stehen dabei alle Bildungseinrichtungen als einzigartige Individuen mit einem eigenen Tempo, eigenen Interessen und Potenzialen. Wir (= die Mitglieder der Kultusministerkonferenz) vertrauen darauf, dass jede Akteurin und jeder Akteur innerhalb des Bildungswesens von Natur aus neugierig ist und lernen möchte.

Die Aufgabe der Begleitung durch die einzelnen Bildungsministerien ist es, eine strukturierte und anregende Umgebung zu schaffen, die den Entwicklungsbedürfnissen der Bildungsinstitutionen entspricht. In der Kultusministerkonferenz haben wir uns bewusst von der reinen Wissensvermittlung abgewandt. Stattdessen begleiten wir die lernenden Einrichtungen individuell und unterstützen sie dabei, eigene Ziele zu setzen, Lösungswege zu finden und Verantwortung für ihr Lernen zu übernehmen.

Diese Haltung erfordert, dass wir uns als Bildungsministerien bewusst zurücknehmen. Wir bleiben im Hintergrund, sind aber immer präsent, wenn Orientierung oder Unterstützung gebraucht wird. Statt Fehler direkt zu korrigieren, geben wir den Bildungseinrichtungen Raum, selbst Lösungen zu entwickeln. Statt Druck auszuüben oder Leistungsziele vorzugeben, ermutigen wir die lernenden Institutionen sich Herausforderungen zu stellen. Wir bewerten nicht, sondern erkennen Fortschritte und Bemühungen an. Diese Haltung basiert auf Respekt, Geduld und Vertrauen in die Fähigkeiten jedes Menschen.

Begleitung bedeutet für uns (= Bildungsministerien) auch, eine Beziehung auf Augenhöhe zu gestalten. Es geht darum, zuzuhören, zu ermutigen und den Bildungsinstitutionen den Raum zu geben, ihre eigenen Erfahrungen zu machen. Manchmal braucht es dabei einen sanften Schubs, manchmal einfach nur ein offenes Ohr. Besonders in einer Zeit, in der eigenverantwortliches Lernen immer wichtiger wird, ist diese Rolle zentral.

Unsere (=der Bildungsministerien) Vision ist es, eine Bildungslandschaft zu schaffen, in der alle Bildungsakteurinnen und -akteure Freude am Lernen entwickeln und diese ein Leben lang bewahren. Bildungsministerien sind dabei nicht Wissensvermittler im traditionellen Sinn, sondern Partnerinnen und Partner, die alle Bildungsinstitutionen inspirieren und sie individuell auf ihrem Weg begleiten.

Das Lernen als Treppe

Ich persönlich sehe das Lernen wie eine Treppe, die wir alle emporsteigen. Jeder Schritt, jede Stufe, symbolisiert einen Moment des Wachstums, des Verstehens, des Meisterns.

Doch diese Treppe ist nicht immer gleichmäßig und gerade. Ihre Stufen sind oft unregelmäßig – manche sind flach und leicht zu bewältigen, andere steil und wackelig, fast wie eine krumme Leiter. Es gibt Zeiten, in denen wir sicher auftreten, und Zeiten, in denen wir ins Straucheln geraten.

Manche Schülerinnen und Schüler schreiten leichtfüßig voran, fast so, als würden sie schweben. Sie nutzen ihre Stärken, ihre Neugier und ihr Selbstvertrauen, um mühelos Stufe um Stufe zu erklimmen. Andere hingegen haben es schwerer. Für sie ist jede Stufe eine Herausforderung, die manchmal unüberwindbar erscheint.

Hinzu kommt, dass jeder Mensch sein eigenes Päckchen zu tragen hat. Diese Last, sei sie sichtbar oder unsichtbar, beeinflusst, wie wir uns auf dieser Treppe bewegen. Für manche ist der Aufstieg beschwerlich, weil sie zusätzliche Herausforderungen meistern müssen – sei es familiäre Sorgen, persönliche Unsicherheiten oder äußere Umstände. Andere wiederum haben vielleicht weniger zu tragen, können aber dennoch auf unerwartete Hindernisse stoßen.

Die unterschiedlichen Lernstile, die Stärken und Schwächen, die jeder Einzelne mitbringt, machen das Erklimmen der Treppe einzigartig. Manche Schüler und Schülerinnen überspringen spielerisch Stufen, während andere jeden Schritt bewusst gehen müssen. Beides ist wertvoll. Es geht nicht darum, wer am schnellsten oben ankommt, sondern um den Weg, den jeder und jede Einzelne geht.

Und genau hier liegt die Besonderheit unseres Lernens und zeigt sich die Stärke unserer Gemeinschaft: Es gibt immer ein Geländer, an dem man sich festhalten kann. Dieses Geländer sind wir – die Lehrkräfte, die Schulgemeinschaft, die Unterstützung durch Freunde und Familie. Das Geländer, an dem wir uns festhalten können, bleibt immer da. Es ist die individuelle Förderung, die hilft, auch schwierige oder wackelige Stufen zu meistern.

Unser Ziel als Schule ist es, diese Treppe so zu gestalten, dass niemand verloren geht. Es soll Platz für individuelle Wege geben, für Umwege, aber auch für Rückschritte, um neuen Anlauf zu nehmen. Denn am Ende zählt nicht, wie hoch jemand gekommen ist, sondern dass er den Mut hatte, seinen eigenen Weg zu gehen. Gemeinsam erklimmen wir diese Treppe – mit all ihren Herausforderungen, Wendungen und Überraschungen.

Erziehen als Bildungsauftrag

So oder so ähnlich steht es im Gesetz. Schulen haben einen Bildungs- und einen Erziehungsauftrag. Dass diese unweigerlich miteinander verbunden sind, steht für mich außer Frage. So sehe ich den Unterricht dann auch nicht nur als Raum für Wissenserwerb, sondern vor allem als ein Ort der Wertevermittlung und Persönlichkeitsentwicklung. Der Auftrag des Erziehens in der Schule ist dabei ebenso entscheidend wie die Vermittlung fachlicher Kompetenzen. Wir Lehrerinnen und Lehrer sind für die Schülerinnen und Schüler nicht nur Wissensvermittler, sondern auch Vorbilder, die durch ihr Verhalten, ihre Haltung und ihre Worte prägen. Es ist eine Verantwortung, die ich in meinem Alltag immer wieder spüre – und die wir nur gemeinsam mit den Eltern tragen können.

Kinder und Jugendliche orientieren sich an dem, was sie sehen und erleben. Ob es um Respekt, Toleranz, Verantwortungsbewusstsein oder die Fähigkeit zum kritischen Denken geht – wir Lehrkräfte leben diese Werte tagtäglich vor. Unser Umgang mit Konflikten, unsere Begeisterung für Lernen und unser respektvoller Umgang mit den Schülerinnen und Schülern prägen sie langfristig. Es ist nicht nur das, was wir sagen, sondern vor allem das, was wir tun, das eine nachhaltige Wirkung hinterlässt. Diese Vorbildrolle zu übernehmen, sehe ich als Kern unseres erzieherischen Auftrags.

Doch Erziehung kann nicht allein Aufgabe der Schule sein. Sie ist ein Zusammenspiel, das nur gelingen kann, wenn Schule und Elternhaus Hand in Hand arbeiten. Die Werte, die wir im Unterricht vermitteln, müssen auch zu Hause gelebt und unterstützt werden. Ebenso wie wir darauf angewiesen sind, dass Eltern uns vertrauen, darauf eingehen und uns bei unserer erzieherischen Arbeit unterstützen, profitieren Eltern davon, wenn wir ihnen beratend und unterstützend zur Seite stehen. Dieses Zusammenspiel, diese Partnerschaft, hat eine große Bedeutung.

Wir begegnen Kindern und Jugendlichen, die unterschiedlich geprägt sind, mit ihren individuellen Stärken und Schwächen. Manche bringen von zu Hause bereits ein starkes Fundament mit, während andere Orientierung suchen. In der Schule möchten wir allen einen sicheren Rahmen bieten, der sie auffängt und zugleich stärkt. Unsere Aufgabe ist es, sie nicht nur auf die Anforderungen des Berufslebens vorzubereiten, sondern sie auch als Menschen zu formen, die empathisch, reflektiert und verantwortungsvoll handeln können.

Mir ist bewusst, dass wir nicht alles alleine bewältigen können. Es braucht die Gemeinschaft, das Zusammenspiel von Schule, Elternhaus und manchmal auch externen Unterstützern. Dieses gemeinsame Ziel – die bestmögliche Förderung und Erziehung unserer Schülerinnen und Schüler – steht für mich im Mittelpunkt unserer Arbeit. Nur wenn wir gemeinsam an einem Strang ziehen, können wir unseren Schülerinnen und Schülern nicht nur Wissen, sondern auch eine wertvolle Lebenshaltung mit auf den Weg geben.

Gerade deshalb ist es mir so wichtig, meiner Vorbildrolle in jeder Hinsicht gerecht zu werden. Ich bin mir dann auch sehr bewusst, dass mein Verhalten nicht nur von den Lehrkräften, sondern auch von den Schülerinnen und Schülern sowie deren Eltern genau wahrgenommen wird.

Ich lege großen Wert darauf, alle Menschen in meiner Schule respektvoll und fair zu behandeln. Mir ist es wichtig, in herausfordernden Situationen ruhig und besonnen zu bleiben und stets authentisch aufzutreten. Nur wenn ich ehrlich und echt bin, können andere mir Vertrauen entgegenbringen.

Pünktlichkeit und Zuverlässigkeit sind für mich selbstverständlich. Termine und Absprachen halte ich ein, denn ich möchte als verlässliche Ansprechpartnerin wahrgenommen werden. Ebenso ist es mir wichtig, mich intensiv mit den Anforderungen meines Berufes auseinanderzusetzen und mich stetig weiterzubilden. Ich möchte durch mein Engagement zeigen, dass Lernen und Weiterentwicklung nie aufhören.

Toleranz, Empathie und Verantwortungsbewusstsein sind für mich zentrale Werte. In Konfliktsituationen bemühe ich mich um eine sachliche und konstruktive Lösung, um so ein gutes Beispiel zu geben, wie man mit schwierigen Situationen umgehen kann.

Ehrlichkeit und Transparenz prägen meine Kommunikation. Ich gestehe eigene Fehler ein, wenn sie passieren, und setze darauf, dass Offenheit Vertrauen schafft. Gleichzeitig bemühe ich mich, andere zu motivieren, sei es durch Anerkennung, konstruktive Rückmeldung oder das Aufzeigen neuer Perspektiven.

Ich liebe meine Arbeit und versuche, diese Freude auch nach außen zu tragen. Begeisterung für Bildung, für Zusammenarbeit und für Innovation ist etwas, das ich mit allen teilen möchte. Kritik nehme ich an, reflektiere sie und sehe sie als Möglichkeit, mich weiterzuentwickeln.

Dabei sind es in meinen Augen nicht die großen Gesten, die erforderlich sind, um meiner Rolle gerecht zu werden. Vorbildsein beginnt im Kleinen. Es beginnt im Alltag, sobald ich das Schulgelände betrete.

Wenn ich im Schulgebäude oder auf dem Schulhof Müll sehe, hebe ich ihn auf und entsorge ihn. So wird klar, dass jede Handlung zählt und Verantwortung für die Gemeinschaft ein grundlegender Wert ist.

Ich sorge dafür, immer vor meinen Terminen pünktlich da zu sein, sei es im Unterricht, bei Konferenzen, bei Gesprächen oder anderen Veranstaltungen. Diese Haltung zeigt, wie wichtig mir Respekt gegenüber der Zeit anderer ist, und es signalisiert, dass Pünktlichkeit eine Form der Wertschätzung ist.

Wenn ich einem Schüler, einer Schülerin oder einer Lehrkraft begegne, grüße ich freundlich und nehme mir, wenn möglich, kurz Zeit für ein Gespräch oder eine Frage. Durch diese kleinen Gesten vermittle ich, wie wichtig ein respektvoller Umgang miteinander ist.

Ich nehme mir oft ein Buch oder eine Fachzeitschrift mit in die Schule und spreche darüber, was ich gerade lese oder lerne. Das zeigt nicht nur den Kolleginnen und Kollegen, sondern auch den Schülerinnen und Schülern, dass Lernen ein lebenslanger Prozess ist.

Wenn ich sehe, dass eine Lehrkraft oder unsere Schülerinnen und Schüler Unterstützung brauchen, sei es beim Aufbau einer Veranstaltung oder beim Organisieren einer Aktion, packe ich mit an. So zeige ich, dass Zusammenarbeit ein zentraler Wert ist.

Vor dem Unterricht und anderen wichtigen Veranstaltungen oder Besprechungen kontrolliere ich selbst, ob der Raum sauber und vorbereitet ist, etwa ob die Stühle richtig stehen oder das Material bereitliegt. Ich stelle sicher, dass jeder Raum, den ich betrete, in einem guten Zustand bleibt – das motiviert andere, denselben Standard einzuhalten.

Das sind nur einige wenige Beispiele. Doch sie verdeutlichen - denke ich - ganz gut, wie entscheidend es ist, Werte, die man vertritt, auch selbst zu leben.

Schon zu Beginn dieser Lektüre habe ich betont, dass ich nicht den Anspruch habe, alles zu wissen oder auf jedem Gebiet Expertin zu sein. Und genau das sehe ich nicht als Schwäche, sondern als eine meiner größten Stärken. Ich erkenne, wann ich innerschulische oder außerschulische Expertise hinzuziehen muss, und habe keine Scheu, dies zu tun. Für mich ist es essenziell, andere mit ins Boot zu holen, um eine fundierte und vielseitige Entscheidungsgrundlage zu schaffen.

Schule ist heute ein hochkomplexes System, das pädagogische, psychologische, organisatorische und technologische Herausforderungen miteinander vereint. Eine Schulleitung kann dies unmöglich allein bewältigen. Indem ich Expertinnen und Experten aus verschiedenen Bereichen einbinde, schaffe ich nicht nur Lösungen, die innovativ und nachhaltig sind, sondern fördere auch das Vertrauen und die Akzeptanz im Kollegium, bei den Eltern und in der Schülerschaft.

Die Zusammenarbeit mit Fachleuten zeigt, dass ich Verantwortung nicht allein trage, sondern bereit bin, diese zu teilen. Dies unterstreicht nicht nur meine Professionalität, sondern auch die Bereitschaft, zum Wohl der Schulgemeinschaft über meinen eigenen Horizont hinauszuschauen. Gleichzeitig fördert diese Haltung eine Kultur der Wertschätzung und Kooperation, die für unsere Schule von zentraler Bedeutung ist.

Die Einbindung von Expertinnen und Experten bedeutet für mich, meine Grenzen zu kennen und diese als Ausgangspunkt für Wachstum zu sehen. So gelingt es, die Qualität unserer Arbeit stetig zu verbessern und die Schulentwicklung auf ein neues Niveau zu heben.

All das zeigt, wie entscheidend der Aufbau multiprofessioneller Teams in diesem Prozess des Wandels ist. Es handelt sich – bildlich gesprochen – um einen neuen Fachbereich, der geschaffen werden muss. Deutsch und Mathematik bleiben wichtig, doch aus meiner Sicht braucht es ein „übergeordnetes Hauptfach": „Lernen lernen". In diesem, allem übergeordneten und in allen

Fachbereichen integrierten Bereich, erwerben junge Menschen Kompetenzen, die sie ein Leben lang begleiten.

Lehrkräfte werden zu Lernbegleiterinnen und Lernbegleitern, die ihre Schülerinnen und Schüler auf ihrem individuellen Weg unterstützen und sie dazu
befähigen, eigenverantwortlich zu lernen. Ergänzend sind Expertinnen und
Experten aus der Schulsozialarbeit, Psychologinnen und Psychologen oder
Fachkräfte für Digitalisierung unverzichtbar, um den komplexen Anforderungen moderner Bildung gerecht zu werden.

Damit diese Transformation gelingt, braucht es eine enge Zusammenarbeit
zwischen allen Beteiligten – eine Vision, die uns alle fordert, aber gleichzeitig
auch inspiriert.

Teamteaching

Wir haben uns an unserer Schule bewusst für das Konzept des Teamteachings entschieden, da wir überzeugt sind, dass wir durch die Bündelung
der Stärken jedes Einzelnen das Beste für unsere Schülerinnen und Schüler
erreichen können.

Jede Lehrkraft hat unterschiedliche Fähigkeiten und Begabungen, und genau
darin liegt unsere Stärke. Einige Kolleginnen und Kollegen gehen in ihrer
Rolle als Wissensvermittler auf: Sie haben die Gabe, komplexe Inhalte mit
Leidenschaft und Klarheit zu erklären und unsere Schülerinnen und Schüler
für ihre Fächer zu begeistern. Andere wiederum sind herausragende Lernbegleiterinnen und Lernbegleiter, die es verstehen, als Coach zu agieren. Sie
fördern die Eigenständigkeit der Lernenden, motivieren sie, ihre Ziele zu reflektieren, und stehen ihnen beratend zur Seite.

Das Teamteaching ermöglicht uns, diese Rollen gezielt einzusetzen. Die
Kombination sorgt so nicht nur für eine bessere Wissensvermittlung, sondern
auch für eine individuelle Förderung jedes Einzelnen.

Für mich ist es besonders erfüllend zu sehen, wie meine Kolleginnen und Kollegen in ihren Rollen aufblühen und sich gegenseitig inspirieren. Wir tauschen uns regelmäßig in unserem Team aus, reflektieren unsere Arbeit und entwickeln neue Ideen, wie wir unsere Stärken noch besser einsetzen können. Dabei steht immer die Frage im Mittelpunkt: Wie können wir unseren Schülerinnen und Schülern das bestmögliche Lernumfeld bieten?

Teamteaching hat nicht nur die Zusammenarbeit in unserem Kollegium gestärkt, sondern auch die Lernkultur an unserer Schule nachhaltig verändert. Die Schülerinnen und Schüler profitieren von unterschiedlichen Perspektiven und erleben, wie vielfältig Lernen sein kann. Und wir als Team wachsen gemeinsam – in unserer Professionalität und in unserer Freude am Lehren und Lernen.

Doch wie bei jeder Veränderung und jedem innovativen Ansatz gibt es auch Herausforderungen, die wir bewältigen müssen.

Eine der größten Herausforderungen besteht sicherlich darin, die unterschiedlichen Arbeitsstile und Perspektiven im Team zu koordinieren. Jede Lehrkraft bringt ihre eigenen Stärken und Überzeugungen mit, und manchmal kann es schwierig sein, diese in Einklang zu bringen. Man muss lernen, offen und konstruktiv miteinander zu kommunizieren. Das ist nicht immer leicht, aber es bringt uns näher zusammen. Wir schätzen die Vielfalt im Team, auch wenn es manchmal bedeutet, Kompromisse einzugehen.

Auch die Planung und Organisation erfordert im Teamteaching mehr Zeit. Es ist nicht damit getan, den eigenen Unterricht vorzubereiten; wir müssen unsere Arbeit eng miteinander abstimmen. Das kostet Energie, aber es lohnt sich. Die Schülerinnen und Schüler spüren, dass wir gemeinsam an einem Strang ziehen, und profitieren von einem Unterricht, der durchdacht und vielseitig ist.

Ein weiterer Punkt, der uns fordert, ist die Akzeptanz dieses Ansatzes bei allen Beteiligten. Nicht nur im Kollegium, sondern auch bei Eltern und Schülerinnen und Schülern gibt es manches Mal zunächst Skepsis. Es braucht Zeit und gute Kommunikation, um den Mehrwert des Teamteachings verständlich zu machen. Und dann sehen wir, wie sich die anfängliche Zurückhaltung in Begeisterung wandelt, weil die Ergebnisse einfach für sich sprechen.

Natürlich gibt es auch Momente, in denen etwas nicht so läuft, wie wir es uns vorstellen. Manchmal sind die Rollen nicht klar verteilt, oder wir merken, dass ein Ansatz überarbeitet werden muss. Doch genau das macht Teamteaching für mich so wertvoll: Wir sind ständig in Bewegung, reflektieren unsere Arbeit und entwickeln uns weiter.

Freiarbeit – die Königsdisziplin

In meiner Rolle als Schulleiterin erlebe ich immer wieder, dass die Freiarbeit von Außenstehenden missverstanden wird. Aussagen wie „Da machen doch alle nur, was sie wollen" zeigen oft ein falsches Bild dieses Ansatzes. Dabei ist die Freiarbeit alles andere als planlos. Sie ist eine durchdachte, strukturierte Form des Lernens, die den individuellen Bedürfnissen der Schülerinnen und Schüler gerecht wird und gleichzeitig ihre Eigenverantwortung stärkt.

In unserer Schule basiert die Freiarbeit auf klar definierten Rahmenbedingungen. Die Schülerinnen und Schüler haben Wahlfreiheit, können aber nur innerhalb einer durchdachten Struktur agieren. Sie wählen aus einem Angebot an Materialien und Aufgaben, die auf ihre jeweiligen Lernstände und Interessen abgestimmt sind. Diese Wahlfreiheit dient nicht dem ziellosen Arbeiten, sondern der Förderung intrinsischer Motivation und nachhaltigen Lernens.

Eine wichtige Säule der Freiarbeit ist die Rolle der Lernbegleiterinnen und Lernbegleiter. Sie sind keineswegs nur passive Beobachter, sondern aktiv an den Lernprozessen beteiligt. Alle Lernbegleitungen beobachten die Schülerinnen und Schüler gezielt, dokumentieren ihre Fortschritte und erkennen dabei, was der nächste Entwicklungsschritt sein könnte. Sie geben gezielte Impulse, bieten neue Materialien an und regen die Schülerinnen und Schüler dazu an, über sich hinauszuwachsen.

Ich sehe es immer wieder: Ein Kind, das sich zunächst vor einer Herausforderung scheut, wächst durch die Unterstützung der Lernbegleitung über sich hinaus – sei es durch eine neue Methode, ein motivierendes Gespräch oder das Angebot eines spannenden Materials. Durch diese individuelle Förderung wird gewährleistet, dass kein Kind in seiner Komfortzone verharrt, sondern sich kontinuierlich weiterentwickelt.

Ein zentrales Mittel, um der Gefahr des Verharrens in Bekanntem entgegenzuwirken, ist das Definieren klarer Ziele. In unserer Schule setzen wir darauf, dass Ziele individuell an den Entwicklungsstand der Schülerinnen und Schüler angepasst werden. So stellen wir sicher, dass jede und jeder Lernende gefordert, aber nicht überfordert wird. Ziele geben Orientierung, sie motivieren und zeigen den Weg zu neuen Herausforderungen.

Ziele entstehen dabei nicht durch die Lernbegleiterinnen und Lernbegleiter, sondern im Dialog mit den Schülerinnen und Schülern. Ich finde es besonders wichtig, dass Kinder und Jugendliche lernen, ihre eigenen Lernprozesse zu reflektieren und bewusst zu planen. Sie sollen erkennen, dass sie sich durch das Verlassen ihrer Komfortzone weiterentwickeln können – sei es, indem sie sich an komplexeren Aufgaben versuchen oder neue Themenfelder erschließen.

Auch die Vielfalt an Materialien und Methoden spielt eine entscheidende Rolle. Indem wir in der Freiarbeit abwechslungsreiche und inspirierende Lernangebote schaffen, regen wir die Neugier unserer Schülerinnen und Schüler an. Diese Vielfalt sorgt dafür, dass niemand in Routineaufgaben verharrt, sondern immer wieder Neues entdeckt und ausprobiert.

Ich sehe in der Freiarbeit eine hervorragende Möglichkeit, individuelles, selbstbestimmtes und nachhaltiges Lernen zu fördern. Sie ist weit mehr als „nur machen, was man will" – sie ist eine strukturierte Methode, die Freiheit mit Verantwortung kombiniert. Durch die enge Begleitung und gezielte Impulse der Lernbegleitungen und das Definieren klarer Ziele schaffen wir einen Rahmen, in dem Kinder und Jugendliche wachsen können. Freiarbeit ist für mich ein wichtiger Baustein, um unsere Schülerinnen und Schüler auf ihrem Weg zu selbstbewussten und eigenverantwortlichen Persönlichkeiten zu unterstützen.

Die Kraft der Freiwilligkeit

An unserer Schule leben wir einen Ansatz, der auf Freiwilligkeit basiert. Es ist ein Grundsatz, der das gesamte Kollegium verbindet und unsere tägliche Arbeit prägt: Lernen soll kein Zwang sein, sondern ein Angebot. Wir schaffen eine Lernumgebung, in der Neugier und Motivation die treibenden Kräfte sind, weil wir daran glauben, dass jeder Mensch lernen will – wenn er den Raum dafür bekommt.

Wir gestalten Unterrichtsangebote, die so vielfältig und inspirierend wie möglich sind. Ob naturwissenschaftliche Experimente, künstlerische Projekte, gesellschaftliche Fragestellungen oder technische Herausforderungen – die Themen sind breit gefächert und laden die Schülerinnen und Schüler ein, ihren eigenen Interessen nachzugehen. Diese Angebote präsentieren wir regelmäßig und die Jugendlichen entscheiden selbst, woran sie teilnehmen möchten und wie sie sich einbringen.

Immer wieder erleben wir, wie dieser Ansatz aufgeht. Die Schülerinnen und Schüler, die früher passiv oder desinteressiert wirkten, zeigen plötzlich Interesse und Eigeninitiative. Sie kommen mit Ideen, stellen Fragen und erarbeiten Lösungen. Oft gehen sie über das hinaus, was wir erwartet hätten – nicht, weil wir sie dazu drängen, sondern weil sie selbst wollen.

Natürlich gibt es auch Herausforderungen. Eine der häufigsten Sorgen im Kollegium ist immer mal wieder: „Was, wenn manche Kinder sich für gar nichts entscheiden?" Doch das passiert selten. Im Gegenteil: Die Möglichkeit, frei zu wählen, schafft eine Atmosphäre, in der sich die Jugendlichen ernst genommen fühlen. Sie spüren, dass wir ihnen zutrauen, Verantwortung für ihr Lernen zu übernehmen.

Unser Ansatz bedeutet jedoch nicht, dass wir die Schülerinnen und Schüler alleine lassen. Freiwilligkeit braucht klare Strukturen und Orientierung. Wir als Lernbegleitungen schaffen den Rahmen, in dem sie sich bewegen können. Wir unterstützen, begleiten und geben Hilfestellung, wo sie gebraucht wird.

Die Ergebnisse sprechen für sich. Am Ende eines Projektes sehen wir nicht nur Produkte wie Präsentationen, Modelle oder Texte. Wir sehen glänzende Augen, selbstbewusste Haltungen und das Stolz-Sein auf das, was sie geschaffen haben. Es ist ein Erfolg, der nicht in Zensuren oder Bewertungen zu messen ist, sondern in der Begeisterung und in der Eigenständigkeit, die die Jugendlichen entwickeln.

Freiwilligkeit ist für uns kein Kontrollverlust, sondern eine Einladung zum echten Lernen – und wir sind dankbar, dass unsere Schülerinnen und Schüler diese Einladung immer wieder annehmen.

Anstrengung wertschätzen – den Prozess ins Zentrum rücken

Eine der zentralen Erkenntnisse meiner pädagogischen Laufbahn ist, dass Lob allein oft zu kurz greift. Es ist verführerisch, gute Leistungen zu feiern, sie hervorzuheben und zu loben – sei es mit Zensuren, Urkunden oder anerkennenden Worten. Doch diese Form der Anerkennung greift oft nicht tief genug, um nachhaltiges Lernen und persönliches Wachstum zu fördern. Deshalb liegt mein Fokus auf der Wertschätzung von Anstrengung und dem Prozess, der hinter jedem Fortschritt steckt.

Jeder Schüler/ jede Schülerin bringt unterschiedliche Voraussetzungen mit: Stärken, Schwächen, Interessen und Herausforderungen. Wenn wir ausschließlich die Ergebnisse bewerten, übersehen wir, wie viel Engagement und Ausdauer in manchen Fällen nötig sind, um überhaupt kleine Fortschritte zu erzielen. Ein Jugendlicher, der lange mit Mathe gekämpft hat und endlich versteht, wie eine Gleichung gelöst wird, hat vielleicht mehr Durchhaltevermögen gezeigt als ein anderer, der schon immer leicht sehr gute Leistungen gezeigt hat. Indem wir die Anstrengung und den Lernprozess ins Zentrum rücken, schaffen wir eine Kultur, in der Scheitern nicht als Endpunkt gesehen wird, sondern als ein Schritt auf dem Weg des Lernens.

In unserem Unterricht legen wir besonderen Wert darauf, kleine Fortschritte zu erkennen und zu würdigen. Das bedeutet, dass wir Lernbegleiterinnen und Lernbegleiter nicht nur „Gut gemacht!" sagen, wenn ein Schüler oder eine Schülerin eine Aufgabe richtig löst, sondern konkret benennen, was er oder sie erreicht hat: „Ich habe gesehen, wie du verschiedene Strategien ausprobiert hast, um die Aufgabe zu lösen. Das zeigt, dass du nicht aufgegeben hast, auch als es schwierig war."

Solche Rückmeldungen machen den Prozess sichtbar und geben den Schülerinnen und Schülern das Gefühl, dass ihre Bemühungen wertvoll sind – unabhängig vom Ergebnis.

Als Schule haben wir bewusst darauf hingearbeitet, eine Kultur des konstruktiven Feedbacks zu etablieren. Dieses Feedback ist nicht nur auf Schülerinnen und Schüler begrenzt, sondern gilt genauso für das Kollegium. Wir reflektieren gemeinsam über Prozesse, teilen Erfolgserlebnisse und Herausforderungen und suchen nach Wegen, aus Rückschlägen zu lernen. Dadurch entsteht ein Klima, in dem Entwicklung möglich wird – frei von Angst vor Fehlern oder der Fixierung auf Perfektion.

Um das zu erreichen, treffen unsere Schülerinnen und Schüler mit uns Lernbegleitungen individuelle Zielvereinbarungen. Diese Ziele sind bewusst prozessorientiert formuliert, z. B. "Ich möchte lernen, meine Texte besser zu strukturieren" statt "Ich möchte in Deutsch eine gute Note schreiben". Die regelmäßige Reflexion über diese Ziele hilft den Schülerinnen und Schülern, ihren eigenen Fortschritt zu erkennen und zu schätzen.

Alle Jugendlichen führen eine Art Lerntagebuch, in dem sie ihre Herausforderungen, Erfolge und Strategien dokumentieren. Diese Einträge werden in regelmäßigen Runden besprochen, sodass auch der Austausch untereinander gefördert wird. Oft erleben wir dabei, dass Schülerinnen und Schüler voneinander lernen und sich gegenseitig motivieren.

Wenn ein Schüler/ eine Schülerin oder eine Gruppe ein besonders schwieriges Problem gelöst hat, machen wir das sichtbar – nicht mit Urkunden oder Noten, sondern durch Erzählungen und gemeinsame Reflexionen.

Die Wertschätzung von Anstrengung und Prozess verändert eine Schulgemeinschaft meiner Meinung nach nachhaltig. Die Schülerinnen und Schüler haben weniger Angst, Fehler zu machen, und die Lehrkräfte erleben eine neue Freude am Unterrichten, weil sie sehen, wie sich alle Kinder und Jugendlichen entwickeln – nicht nur auf dem Papier, sondern in ihrem Denken und Handeln.

Ich bin fest davon überzeugt: Wenn wir den Fokus auf die Prozesse des Lernens legen, stärken wir nicht nur die fachlichen Fähigkeiten, sondern auch die persönliche Resilienz, die Neugier und das Vertrauen in die eigenen Fähigkeiten.

Korrekturen und Feedback - Fokus auf Entwicklung statt auf Fehlersuche

Traditionelle Zensuren – Zahlen oder Buchstaben, die scheinbar objektiv den Lernerfolg messen – dominieren unser System seit Generationen. Immer wieder erreichen mich Fragen zu diesem Thema. Und ich stelle fest, die Perspektive, in der sich der Fokus von einer reinen Fehleranalyse hin zu einer konstruktiven Rückmeldung verschiebt, bleibt für den Großteil unserer Gesellschaft sonderbar und abenteuerlich. Der Mehrwert des entwicklungsorientierten Feedbacks ist innerhalb unserer Gesellschaft längst noch nicht angekommen.

Eine der zentralen Fragen, die mir regelmäßig gestellt wird, ist, wie wir an unserer Schule denn Leistungen bewerten können, wenn wir doch auf Zensuren verzichten. Ich berichte dann von unseren Lern- und Entwicklungsberichten, und davon, dass Zensuren in meinen Augen oft nicht mehr als

Momentaufnahmen sind. Eine „4" in Mathematik sagt meiner Meinung nach wenig darüber aus, warum ein bestimmtes Thema schwerfällt oder wie sich ein Schüler/ eine Schülerin verbessern kann. Konstruktives Feedback hingegen analysiert die individuellen Stärken und Schwächen. Es zeigt nicht nur auf, was gut gelaufen ist, sondern auch, wie Fehler behoben werden können. Diese differenzierte Rückmeldung fördert ein tiefgreifendes Verständnis und gibt den Schülerinnen und Schülern konkrete Anhaltspunkte für ihre Weiterentwicklung. Dadurch lernen sie, Verantwortung für ihren eigenen Lernprozess zu übernehmen und sich aktiv mit ihrem Fortschritt auseinanderzusetzen.

Die Wirkung von Zensuren auf die Motivation der Lernenden ist in meinen Augen völlig ambivalent. Für einige mag eine gute Note anspornen, doch für andere, die wiederholt schlechte Zensuren erhalten, können diese zu Resignation und Frustration führen. Konstruktives Feedback hingegen hebt die Bemühungen hervor, würdigt den Fortschritt und ermutigt, weiter an den eigenen Fähigkeiten zu arbeiten. Dieses positive Signal stärkt das Selbstbewusstsein und sorgt für eine langfristige Lernmotivation. Bildung sollte inspirieren, nicht entmutigen – und Feedback ist der Schlüssel dazu.

Oft wird argumentiert, dass Zensuren wichtig für den Leistungsvergleich seien. Doch für wen ist dieser Leistungsvergleich relevant? Und wie vergleichbar ist eine „2" in Deutsch mit einer „2" in Mathematik? Wie neutral kann eine Bewertung sein, wenn sie von unterschiedlichen Lehrkräften, Schulen und Bundesländern abhängig ist? Zensuren suggerieren eine Objektivität, die in der Praxis kaum einzuhalten ist. Konstruktives Feedback hingegen setzt den Fokus auf individuelle Lernziele und -fortschritte. Es zeigt, wo jemand steht, ohne dabei in den Vergleichsdruck mit anderen zu geraten. Damit wird der Blick auf die persönliche Entwicklung geschärft – eine Perspektive, die meiner Meinung nach weitaus zukunftsorientierter ist.

Im Berufsleben und im Alltag ist selten entscheidend, ob jemand in der Schule eine „1" oder eine „3" hatte. Wichtiger sind Fähigkeiten wie Selbstreflexion, Teamarbeit und Problemlösungsfähigkeit. Konstruktives Feedback bereitet die Schülerinnen und Schüler besser auf diese Anforderungen vor, da es sie lehrt, Kritik anzunehmen, sich Ziele zu setzen und sich kontinuierlich zu verbessern. Es ist ein Werkzeug für lebenslanges Lernen, während Zensuren oft nur kurzfristige Erfolge oder Misserfolge festhalten.

Zusammenfassen würde ich es so: Innerhalb von Schule halte ich Zensuren für völlig sinnfrei. In einer Wettbewerbssituation, an der ich freiwillig teilnehme, so wie beispielsweise im Sport, mag es sinnvoll sein. Aber Schule ist für mich kein Wettkampf, innerhalb von Schule geht es um die persönliche Entwicklung, nicht im Vergleich zu anderen, sondern um meine Weiterentwicklung immer im Vergleich zu meinen vorher erbrachten Leistungen. Was ich dafür brauche, ist ein Feedback in Form von Verbesserungsvorschlägen/ von Tipps zur Weiterarbeit. Was ich dafür nicht brauche, ist ein Vergleich mit anderen in Form eines Rankings. Mit Zensuren verfehlen wir das Ziel von Bildung, denn Zensuren fördern das Gegeneinander, konstruktives Feedback hingegen fördert das Miteinander.

Natürlich ist es nicht einfach, jahrzehntelang etablierte Systeme zu hinterfragen und zu verändern. Doch als Schulleiterin sehe ich es als unsere Pflicht, die Art und Weise, wie wir Bildung gestalten, immer wieder neu zu überdenken. Konstruktives Feedback ist mehr als eine Alternative zu Zensuren – es ist eine Investition in die Zukunft unserer Schülerinnen und Schüler. Es ist an der Zeit, die starren Strukturen der Notengebung hinter uns zu lassen und einen Weg einzuschlagen, der individuelles Lernen, Motivation und nachhaltigen Erfolg in den Mittelpunkt stellt. Denn letztlich geht es in der Bildung nicht um Zahlen, sondern um Menschen.

Ich möchte an dieser Stelle noch einen Schritt weiter gehen und alle Kolleginnen und Kollegen, die meine Gedanken teilen, einladen, das Thema Bewertungen grundsätzlich zu hinterfragen und zu reflektieren. Egal ob Zensuren oder eine schriftliche Form der Bewertung, entscheidend sollte sein – spiegelt die Rückmeldung das wahre Können unserer Schülerinnen und Schüler wider?

Bewertungen, in welcher Form auch immer, sind zentraler Bestandteil unseres Bildungssystems. Sie basieren jedoch meist auf Aufgaben und Erwartungshorizonten, die von den Lehrkräften erstellt werden. Diese mögen sorgfältig und fachlich fundiert sein, doch sie sind letztlich subjektive Konstrukte. Ein Erwartungshorizont ist stets eine Projektion dessen, was eine Lehrkraft als ideale Leistung ansieht. Aber was bedeutet "ideal"?

Ein Beispiel: Eine Schülerin, die kreativ denkt, neue Lösungswege sucht und über den Tellerrand hinausblickt, erhält in einer Klausur mit klar vorgegebenen Antworten möglicherweise eine schlechte Bewertung – einfach, weil sie nicht die standardisierte Lösung geliefert hat. Gleichzeitig wird ein Schüler, der sich exakt an die Vorgaben hält, aber wenig Eigeninitiative zeigt, möglicherweise mit Bestnoten ausgezeichnet. Beide Fälle zeigen, dass eine Bewertung oft weniger die Fähigkeiten der Jugendlichen widerspiegelt, sondern vielmehr ihre Anpassung an ein bestimmtes System.

Ein weiteres Problem ist die Vergleichbarkeit. Jedes Fach, jede Lehrkraft und jede Aufgabe bringt eigene Maßstäbe mit. Ein „sehr gut" in einer Mathearbeit bei Lehrer A kann nicht ohne Weiteres mit einem „sehr gut" bei Lehrer B verglichen werden. Ebenso fließen Faktoren wie die Tagesform der Schülerinnen und Schüler, die Art der Fragestellung oder gar die Beziehung zwischen Lehrkraft und Lernenden in die Bewertung ein – bewusst oder unbewusst.

Was bleibt, ist die Erkenntnis, dass Bewertungen nie ein ganzheitliches Bild von der Leistungsfähigkeit eines jungen Menschen vermitteln können. Sie messen lediglich einen kleinen Ausschnitt: eine Momentaufnahme unter spezifischen Bedingungen. Doch die Potenziale, die Kreativität, die Ausdauer und die sozialen Kompetenzen unserer Schülerinnen und Schüler – all das, was sie zu starken Persönlichkeiten macht – werden dabei oft übersehen.

Ein Ansatz, um dies zu verändern, könnte sein, die Jugendlichen stärker in den Bewertungsprozess einzubinden. Warum sollten sie nicht selbst ihre individuellen Wünsche und Vorstellungen zu ihrer Bewertung äußern können? Ein Teil der Leistungserfassung könnte aus einem Dialog zwischen

Lehrkräften und Schülerinnen und Schülern bestehen, in dem gemeinsam festgelegt wird, welche Kriterien besonders wichtig sind. Vielleicht legt ein Schüler mehr Wert darauf, dass seine Kreativität gewürdigt wird, während eine andere Schülerin ihre analytischen Fähigkeiten in den Vordergrund stellen möchte. So könnten wir von einem starren Bewertungssystem zu einer flexibleren, personalisierten Herangehensweise gelangen.

Der erste Schritt besteht dann darin, gemeinsam mit den Schülerinnen und Schülern Zielsetzungen zu definieren. Diese Ziele orientieren sich an den individuellen Fähigkeiten und Entwicklungsständen und berücksichtigen gleichzeitig die Lernziele des Unterrichts. Beispielsweise kann ein Schüler in einem Aufsatz daran arbeiten, den Text klarer zu strukturieren, während eine andere Schülerin sich auf die sprachliche Genauigkeit konzentriert. Durch diese Zielvereinbarungen wird klar, worauf bei der Bearbeitung und Korrektur geachtet wird, was den Lernprozess transparent macht.

Indem die Zielsetzungen individuell festgelegt werden, können auch die Ansprüche an die Arbeit gezielt erhöht werden. Das bedeutet nicht, dass Fehler ignoriert werden, sondern dass der Fokus auf spezifische Lernziele gelegt wird. Statt eine Arbeit umfassend auf jede Kleinigkeit hin zu korrigieren, werden nur die Aspekte intensiv betrachtet, die im Vorfeld als Schwerpunkt definiert wurden. Dies ermöglicht es, den Schülerinnen und Schülern differenziertes und tiefgehendes Feedback zu geben, ohne sie mit einer Fülle von Anmerkungen zu überfordern.

DAS zentrale Element dieses Ansatzes ist die Trennung von Feedback und Bewertung. Während Bewertungen oft eine abschließende Beurteilung darstellen, zielt Feedback darauf ab, den Lernprozess zu unterstützen. Es beschreibt, was gut gelungen ist und gibt konkrete Hinweise, wie Verbesserungen erreicht werden können. Ein solcher Ansatz fördert die Motivation, da er die Lernenden ermutigt, sich aktiv mit ihrem Lernfortschritt auseinanderzusetzen und Verantwortung für ihre Weiterentwicklung zu übernehmen.

Die Vorteile des entwicklungsorientierten Ansatzes liegen für mich klar auf der Hand. Schülerinnen und Schüler erhalten Rückmeldungen, die auf ihre persönlichen Bedürfnisse abgestimmt sind. Sie lernen zielgerichtet, das führt zu einem tieferen Verständnis und langfristigen Fortschritten. Und Lehrkräfte können gezielt auf unterschiedliche Lernstände eingehen, ohne dass sich jemand benachteiligt fühlt. Durch konstruktives Feedback wird das Selbstvertrauen gestärkt, und die Freude am Lernen bleibt erhalten. Deshalb ist es meine Überzeugung, dass wir innerhalb unseres Bildungssystems einen neuen Weg finden müssen, um die Leistungen unserer Jugendlichen zu erfassen und wertzuschätzen.

Es bleibt eine spannende Herausforderung, wie wir dieses Ziel innerhalb des Bildungssystems umsetzen können. Mein Vorschlag: Statt klassischer Noten „Bestanden" und „Noch nicht bestanden" – ergänzt durch individuelles Feedback in Form von Hinweisen zur Weiterentwicklung. Wichtig ist dabei, dass dieses Feedback selbstverständlich auch diejenigen erhalten, die „bestanden" haben.

Lerncoaching und Lehrkräftecoaching

An unserer Schule spielt vor allem der Bereich der Lernbegleitung eine entscheidende Rolle. Wie vielseitig und anspruchsvoll das Aufgabenfeld ist, habe ich bereits versucht zu verdeutlichen. Der wichtigste Part kann dabei vermutlich am ehesten mit Coaching übersetzt werden. Meinem Team und mir ist es wichtig, unsere Schülerinnen und Schüler nicht nur fachlich, sondern auch in ihrer persönlichen und sozialen Entwicklung zu fördern. Der Ansatz des Coachings ist dabei ein zentraler Bestandteil unserer Schulkultur.

Coaching bietet die Möglichkeit, innezuhalten und bewusst auf den eigenen Lernprozess zu schauen. Oft sind wir im Schulalltag so stark auf Ergebnisse und den nächsten Schritt fokussiert, dass wenig Zeit bleibt, um zu reflektieren, was eigentlich gut funktioniert und wo Stärken liegen.

Durch die regelmäßigen Coaching-Gespräche erhalten die Schülerinnen und Schüler die Gelegenheit, sich ihrer Stärken bewusst zu werden und zu überlegen, wie sie diese gezielt einsetzen und weiter ausbauen können. Die

Gespräche sind individuell ausgerichtet und folgen dennoch einem klaren Rahmen. Dabei stehen Fragen im Mittelpunkt wie: Was habe ich gut gemacht? Welche Strategien haben mir geholfen? Wo sehe ich Potenziale, um mich weiterzuentwickeln? Durch diesen Prozess lernen unsere Schülerinnen und Schüler, Verantwortung für ihren Lernprozess zu übernehmen und eine positive Haltung zu ihren Fähigkeiten zu entwickeln.

Auch für uns als Lernbegleitungen ist das Coaching der Jugendlichen eine Chance zur Weiterentwicklung. Es ermöglicht uns, die Schülerinnen und Schüler besser kennenzulernen, auf ihre individuellen Bedürfnisse einzugehen und ihnen passende Impulse zu geben. Gleichzeitig reflektieren wir auch unsere eigenen Ansätze und können unsere Begleitung zielgerichteter gestalten.

Das Besondere ist, dass es nicht um Defizite geht. Vielmehr möchten wir die positiven Aspekte des Lernens und Lehrens in den Fokus rücken. Es ist unglaublich motivierend zu sehen, wie Schülerinnen und Schüler durch die Reflexion wachsen, ihre Stärken besser nutzen und neue Herausforderungen selbstbewusst angehen.

Letztlich trägt das Coaching nicht nur zur individuellen Entwicklung bei, sondern stärkt auch das Miteinander in unserer Schulgemeinschaft. Es schafft Vertrauen, fördert den Austausch und macht Lernen zu einem Prozess, der von Wertschätzung und Unterstützung geprägt ist.

Selbstverständlich liegt es mir in meiner Funktion besonders am Herzen, dass auch wir Lehrkräfte kontinuierlich an unserer Entwicklung arbeiten und unsere Rolle als Lernbegleiterinnen und Lernbegleiter reflektieren und stärken.

Unser Ansatz des regelmäßigen Coachings für das gesamte Kollegium bietet uns die Möglichkeit, genau dies zu tun: innezuhalten, unsere eigene Praxis zu hinterfragen und bewusst an unseren Fähigkeiten zu arbeiten.

Dieses Format, das in regelmäßigen Abständen für alle Pädagoginnen und Pädagogen stattfindet, schafft einen strukturierten Raum für Reflexion, gezielte Förderung und persönliche Weiterentwicklung. Es ist ein strukturierter

Rahmen, in dem wir sowohl im Einzelgespräch unterwegs sind als auch uns im Team zusammenfinden, um gemeinsam zu reflektieren, wie wir unsere Schülerinnen und Schüler bestmöglich unterstützen können. Dabei stehen nicht nur konkrete Herausforderungen im Mittelpunkt, sondern vor allem auch unsere Stärken. Welche Methoden setzen wir erfolgreich ein? Wie gestalten wir eine Lernatmosphäre, die zum Entfalten der Potenziale beiträgt? Und wie können wir unsere Rolle als Lernbegleiterinnen und Lernbegleiter noch weiter ausbauen?

Ein wesentlicher Vorteil dieses Ansatzes liegt in der gezielten Reflexion. Durch den Blick auf die eigene Praxis wird uns bewusst, was gut funktioniert und wo noch Entwicklungspotenzial besteht. Oft sind es kleine Veränderungen im Umgang mit den Schülerinnen und Schülern, in der Gestaltung des Unterrichts oder in der Kommunikation mit Kolleginnen und Kollegen, die einen großen Unterschied machen können. Im Coaching haben wir die Gelegenheit, diese Themen zu erkennen, gemeinsam Lösungen zu entwickeln und voneinander zu lernen.

Besonders wertvoll ist der Austausch untereinander. Die Vielfalt an Erfahrungen und Perspektiven innerhalb des Teams bereichert jeden Coaching-Prozess. Es ist inspirierend zu sehen, wie Kolleginnen und Kollegen innovative Ansätze teilen, Herausforderungen offen ansprechen und sich gegenseitig unterstützen. Das stärkt nicht nur die individuelle Weiterentwicklung, sondern auch den Zusammenhalt im Kollegium.

Unser Ziel ist es, die eigene Rolle als Lernbegleiterin oder Lernbegleiter bewusster wahrzunehmen und aktiv weiterzuentwickeln. Dabei geht es nicht nur um fachliche Aspekte, sondern auch um die persönliche Haltung: Wie begegne ich meinen Schülerinnen und Schülern? Wie fördere ich Eigenverantwortung und Motivation? Und wie bleibe ich selbst in einer herausfordernden Umgebung resilient und engagiert?

Ich bin überzeugt, dass dieses regelmäßige Coaching einen wesentlichen Beitrag dazu leistet, unsere Arbeit noch effektiver und erfüllender zu gestalten. Es gibt uns die Möglichkeit, in einem geschützten Raum zu wachsen, neue Impulse zu erhalten und die Qualität unserer Arbeit nachhaltig zu steigern – immer mit dem Ziel, unsere Schülerinnen und Schüler bestmöglich zu begleiten und zu fördern.

„Lehrkräfte sind Experten für die pädagogische Arbeit, Eltern für ihre Kinder" – ein Grundsatz

Im Laufe der Jahre habe ich immer wieder festgestellt, wie entscheidend eine enge Zusammenarbeit zwischen Eltern und Lehrkräften für den Lernerfolg der Schülerinnen und Schüler ist. Ein Grundsatz, den ich sowohl mit Eltern als auch im Kollegium immer wieder betone, lautet: Lehrkräfte sind Experten für die pädagogische Arbeit, Eltern sind Experten für ihr Kind. Dieser Satz ist die Grundlage für unsere gemeinsame Arbeit.

Lehrkräfte bringen das Fachwissen und die didaktischen Methoden mit, die notwendig sind, um den Lernprozess zu gestalten. Doch niemand kennt ein Kind so gut wie seine Eltern. Diese beiden Perspektiven zusammenzubringen, ist der Schlüssel, um die Potenziale des Kindes oder Jugendlichen voll zu entfalten. Eine intensive Beziehungsarbeit auf allen Ebenen – zwischen Lehrkraft und Eltern, Lehrkraft und Schülerin oder Schüler sowie Eltern und Sohn oder Tochter – führt dazu, dass Jugendliche mit Freude lernen.

Um Erfolge zu erzielen, ist es von zentraler Bedeutung, dass Eltern und Lehrkräfte im Dialog bleiben. Elternabende und persönliche Gespräche sind keine bloßen Informationsveranstaltungen, sondern bieten die Gelegenheit für einen respektvollen Austausch auf Augenhöhe. Eine empathische Kommunikation ist dabei unerlässlich, denn nur so entsteht das Vertrauen, das für eine fruchtbare Zusammenarbeit notwendig ist.

Gleichzeitig erinnere ich Eltern stets daran, dass auch ihre Beziehung zu ihren Kindern von großer Bedeutung ist. Besonders in einer Zeit, in der digitale Ablenkungen und hohe Leistungsanforderungen zunehmen, benötigen Kinder Rückhalt und Struktur.

Mein Ziel ist es, eine Kultur zu schaffen, in der wir als Lehrkräfte, Eltern und auch die Schülerinnen und Schüler selbst an einem Strang ziehen. Diese Zusammenarbeit macht den Unterschied – nicht, wer mehr Verantwortung trägt, sondern dass wir sie gemeinsam übernehmen.

In jedem Jahr erreichen uns bereits kurz nach den Sommerferien die ersten Anmeldungen zukünftiger Fünftklässler. Dabei steht für uns als Team immer die Frage im Raum „Können wir den individuellen Bedürfnissen des Schülers oder der Schülerin gerecht werden?" Hier spielen dann neben Gesprächen mit den Eltern und Hospitationen der Jugendlichen auch die Empfehlungen der Grundschulen eine Rolle.

Die Einteilung der Schülerinnen und Schüler nach Hauptschule, Realschule und Gymnasium betrachte ich mit stetig wachsender Skepsis. Schülerinnen und Schüler in dieser Form zu selektieren, kann meiner Meinung nach weder den individuellen Potenzialen der Kinder noch den Anforderungen einer modernen Gesellschaft gerecht werden. Dieses System verfestigt soziale Ungleichheiten und vermittelt das fragwürdige Signal, dass der Wert eines Menschen mit zehn oder elf Jahren durch Noten und Lehrkräfteempfehlungen definiert wird.

Doch meine Kritik geht tiefer. Die Dreigliederung nach Schultypen ist nicht nur eine bildungspolitische, sondern auch eine kulturelle Sackgasse. Sie orientiert sich an einem veralteten Verständnis von Leistung, das Wissen mit Erfolg gleichsetzt und die vielfältigen Bedürfnisse, Talente und Interessen der Kinder oft ignoriert.

Stattdessen wünsche ich mir ein Schulsystem, das sich nach pädagogischen Grundhaltungen organisiert und Schulen schafft, die nach klaren Leitbildern arbeiten: Schulen, die nicht nach Leistungsstufen, sondern nach ihrer Haltung zu Bildung, Lernen und Gemeinschaft unterteilt sind. Warum sollte die

Schulwahl nicht davon abhängen, welche Werte und Lernmethoden Eltern und Kinder bevorzugen?

Ein solcher Ansatz würde es Eltern ermöglichen, eine bewusste Wahl zu treffen, welche Schule ihren Überzeugungen und den individuellen Bedürfnissen ihres Kindes am besten entspricht. Er würde die Vielfalt im Bildungssystem stärken und Schulen motivieren, ihre pädagogischen Konzepte klar zu definieren und stetig weiterzuentwickeln.

Natürlich würde ein solches System Umbrüche und Herausforderungen mit sich bringen. Lehrkräfte müssten entsprechend geschult und die Rahmenbedingungen angepasst werden. Doch es würde den Blick auf die Talente und Potenziale der Kinder öffnen und wegführen von der starren Frage, ob jemand „für das Gymnasium geeignet" ist.

Bildung sollte ein Weg der Entfaltung sein, nicht der Auslese. Es ist Zeit, Schulen als Orte zu begreifen, die nicht nur Wissen vermitteln, sondern auch Werte und Begeisterung für lebenslanges Lernen wecken – angepasst an die Vielfalt der Kinder und die Ansprüche einer sich wandelnden Welt.

Chancen und Herausforderungen digitaler Medien

Täglich erlebe ich, wie schnell sich die Anforderungen an unsere Schulen in unserer Gesellschaft verändern. Wir leben in einer Informations- und Wissensgesellschaft, in der es nicht mehr nur darum geht, Wissen anzusammeln, sondern zu wissen, wie man lernt und die riesige Menge an Informationen richtig bewertet und anwendet. Dieser Wandel stellt uns vor große Herausforderungen, bietet aber auch enorme Chancen. Ich sehe es als unsere zentrale Aufgabe, den Schülerinnen und Schülern diese neuen Kompetenzen zu vermitteln. Sie müssen lernen, Informationen zu hinterfragen, verantwortungsvoll mit digitalen Medien umzugehen und die Vielfalt an Wissen, die ihnen zur Verfügung steht, richtig zu nutzen.

Die Digitalisierung und der Zugang zu globalem Wissen eröffnen uns hier ganz neue Möglichkeiten. Besonders wichtig ist, dass wir den Unterricht heute viel individueller gestalten können. Mit digitalen Lernplattformen und modernen Technologien haben wir die Möglichkeit, auf die unterschiedlichen Bedürfnisse und Lernstile unserer Schülerschaft einzugehen. Sie lernen in ihrem eigenen Tempo, erhalten maßgeschneiderte Aufgaben und können ihre Stärken gezielt weiterentwickeln. Diese Flexibilität ist ein großer Schritt nach vorne – sowohl für die Schülerinnen und Schüler als auch für uns Lehrkräfte.

Darüber hinaus müssen wir die Jugendlichen darauf vorbereiten, sich lebenslang neues Wissen anzueignen. Die Welt verändert sich immer schneller, und auch die Anforderungen an die Arbeitswelt sind längst nicht mehr statisch. Wer heute erfolgreich sein will, muss wissen, wie man Neues lernt, sich an Veränderungen anpasst und kreative Lösungen entwickelt. Auch die Art, wie wir arbeiten, hat sich verändert. Kollaboration und Teamarbeit sind mehr denn je gefragt. Auch hier können wir in der Schule ansetzen: durch Projekte, die Zusammenarbeit fördern, durch digitale Tools, die das gemeinsame Arbeiten erleichtern, und durch neue Lernmethoden, die Eigenverantwortung und Selbstorganisation stärken.

Ich bin überzeugt, dass wir die jungen Menschen mit diesen neuen Ansätzen nicht nur fit für die Zukunft machen, sondern sie auch ermutigen, ihre Stärken zu entdecken und neugierig zu bleiben. Denn die Fähigkeit, mit Informationen und Wissen umzugehen, ist eine der wichtigsten Schlüsselkompetenzen der Gegenwart – und es ist unsere Aufgabe, sie darauf vorzubereiten.

Dazu gehört eben auch, sich mit sozialen Netzwerken auseinanderzusetzen. Tag für Tag wird sichtbar, wie sehr diese Netzwerke unsere Gesellschaft und damit auch die Schullandschaft prägen. Sie sind eine Quelle für Ideen und Inspirationen, aber wir werden auch mit Schattenseiten konfrontiert, die uns als Schule herausfordern. Auf sozialen Netzwerken begegnen mir regelmäßig innovative Unterrichtsideen und kreative Schulinitiativen. Es ist, als würde man Teil einer großen Gemeinschaft werden, die dasselbe Ziel verfolgt: Bildung zukunftsfähig zu gestalten.

Auch der Austausch mit anderen Schulen ist heute viel einfacher geworden. Wenn ein Beitrag über ein erfolgreiches digitales Lernkonzept die Runde macht, sind diese Ideen oft gut dokumentiert und zugänglich. So kann ich sie meinem Team vorstellen, adaptieren und auf unsere Schule anpassen. Besonders junge Lehrkräfte bringen frische Ideen aus Plattformen wie Instagram oder TikTok mit, was die Kreativität im Kollegium fördert.

Soziale Netzwerke haben jedoch auch eine demokratisierende Wirkung: Sie ermöglichen es Schülerinnen und Schülern, Eltern und Lehrkräften, ihre Perspektiven öffentlich zu machen. Dies hilft uns oft, blinde Flecken zu erkennen und uns weiterzuentwickeln. Doch nicht jede Idee, die in sozialen Netzwerken kursiert, ist auch umsetzbar. Manche Vorschläge wirken vielversprechend, scheitern aber in der Praxis an begrenzten Budgets, vollen Stundenplänen oder dem Zeitmangel der Lehrkräfte. Mein Team und ich müssen daher regelmäßig einen Ausgleich finden zwischen Idealismus und Pragmatismus.

Zudem führt die ständige Sichtbarkeit in sozialen Netzwerken zu einem gewissen Druck. Wenn andere Schulen ihre Erfolge präsentieren, entsteht der Eindruck, dass wir ständig „liefern" müssen. Das kann zu demotivierenden Vergleichen führen und den Blick auf die eigenen Erfolge trüben. Auch die Kritik, die in sozialen Netzwerken geäußert wird, kann belasten. Ein unüberlegter Kommentar kann schnell die Stimmung im Team beeinflussen. Es erfordert viel Fingerspitzengefühl, um damit umzugehen und gleichzeitig die eigene Linie zu wahren.

Für mich als Schulleiterin ist es ein Balanceakt, die positiven Impulse aus den sozialen Netzwerken zu nutzen, ohne mein Team zu überfordern. Wir haben deshalb eine offene Kommunikationskultur etabliert, in der wir regelmäßig reflektieren, welche Trends und Ideen für uns von Bedeutung sind und welche nicht. Dabei müssen wir uns bewusst machen, dass wir nicht alles sofort umsetzen müssen, was in sozialen Netzwerken gefeiert wird. Es ist vollkommen in Ordnung, unseren eigenen Weg zu gehen und auf Nachhaltigkeit und Qualität zu setzen.

Diese reflektierte Herangehensweise hat uns als Team gestärkt. Soziale Netzwerke können uns inspirieren, aber wir sollten sie nicht unreflektiert übernehmen. Sie sind ein Werkzeug, das wir bewusst und verantwortungsvoll einsetzen können.

In meiner Funktion stehe ich oft zwischen den Welten, wenn es um soziale Netzwerke geht. Privat schätze ich es, die Wahl zu haben und meine Freizeit auch durchaus offline verbringen zu können. Ich finde es befreiend, hier nicht ständig den neuesten Trends folgen zu müssen. Doch beruflich ist es meine Pflicht, mich mit sozialen Netzwerken auseinanderzusetzen, weil sie mittlerweile einen festen Platz im Schulalltag haben – sei es durch die Nutzung von Plattformen wie TikTok und Instagram durch unsere Schülerschaft oder durch innovative Unterrichtsideen, die dort geteilt werden.

In meinem Kollegium gibt es unterschiedliche Meinungen zu diesem Thema. Einige Kolleginnen und Kollegen sind begeistert von diesen Plattformen. Sie nutzen sie für den Austausch und teilen ihre eigenen Unterrichtskonzepte. Für sie sind soziale Netzwerke ein wichtiges Werkzeug, um Bildung zeitgemäß zu gestalten und Schülerinnen und Schülern auf Augenhöhe zu begegnen. Andere Kolleginnen und Kollegen hingegen sehen in den sozialen Netzwerken eine Quelle von Stress und Ablenkung. Sie empfinden die Schnelllebigkeit und die ständige Erreichbarkeit als überwältigend oder haben schlichtweg kein Interesse an digitalen Trends. Für sie zählen die bewährten Methoden.

Ich verstehe beide Perspektiven und sehe meine Aufgabe darin, zwischen diesen Welten zu vermitteln. Es ist wichtig, dass niemand sich gezwungen fühlt, sich mit sozialen Netzwerken zu beschäftigen, wenn es nicht den eigenen Überzeugungen entspricht. Gleichzeitig dürfen wir nicht die Chance verpassen, neue Wege zu gehen. Manchmal sehe ich mich als Übersetzerin, die den eher skeptischen Teammitgliedern die Relevanz bestimmter digitaler Trends erklärt und die begeisterten Kolleginnen und Kollegen bremst, wenn ihre Ideen das gesamte Team überfordern. Das Ziel ist, eine Balance zu schaffen und den Austausch zu fördern.

Deshalb haben wir regelmäßige pädagogische Teamsitzungen, an denen wir gemeinsam überlegen, wie viel „digital" uns als Schule guttut und klare Regeln für den Umgang mit neuen Medien entwickeln. Es geht nicht darum, dass alle einer Meinung sind, sondern darum, dass sich jeder und jede als Teil des Teams fühlt.

Am Ende bin ich überzeugt: Soziale Netzwerke sind weder die Lösung für alles noch das große Übel. Sie sind ein Werkzeug, das wir bewusst und reflektiert nutzen können – oder auch nicht. Aber die Diskussion darüber fordert uns heraus und bietet die Chance, als Kollegium zusammenzuwachsen.

Sprache als Fundament

Die Entscheidung, Deutsch in unserem Schulkonzept zur Chefsache zu erklären, war schnell getroffen. Immer wieder sehen wir, wie entscheidend die Sprachkompetenz unserer Schülerinnen und Schüler für ihren schulischen Erfolg ist. Sprache ist mehr als nur ein Fach – sie ist das Fundament, auf dem alle anderen Lernbereiche aufbauen.

Sprache begegnet uns in jedem Fach: in Mathematik bei der präzisen Beschreibung von Lösungswegen, in Biologie bei der Analyse wissenschaftlicher Texte oder in Geschichte bei der Einordnung und Interpretation von Quellen. Ohne ein solides sprachliches Fundament bleiben viele Inhalte schwer zugänglich.

Deshalb haben wir als Team beschlossen, dass wir die Bedeutung von Sprache nicht dem Deutschunterricht allein überlassen können. Sprache ist eine Querschnittsaufgabe, eine Kompetenz, die in allen Fächern gestärkt und gefördert werden muss. Diese Erkenntnis führte uns zu einer grundlegenden Neuorientierung: Wir wollten Deutsch in der gesamten Schulkultur verankern – als verbindendes Element, das uns alle betrifft.

Diese Entscheidung war somit nicht nur eine pädagogische, sondern auch eine bewusste Haltung. Uns ist klar, dass wir alle – unabhängig vom eigenen Fachgebiet – Sprachvermittler sind. Unsere Aufgabe ist es, Schülerinnen und Schülern die Werkzeuge an die Hand zu geben, die sie brauchen, um sich in einer immer komplexer werdenden Welt auszudrücken und zurechtzufinden.

Der Weg dorthin ist nicht immer einfach. Wir müssen gemeinsam neue Methoden entwickeln, Lehrpläne anpassen und unsere eigene Rolle überdenken. Doch die Ergebnisse zeigen, dass sich der Einsatz lohnt. Wenn wir erleben, wie ein Schüler in einem naturwissenschaftlichen Bericht präzise formuliert oder eine Schülerin in Geschichte ihre Argumente klar strukturiert, spüren wir, dass unsere Arbeit Früchte trägt.

Die Entscheidung, Deutsch zur Chefsache zu machen, ist eben mehr als eine organisatorische Maßnahme. Sie ist ein gemeinsames Versprechen: Wir wollen unsere Schülerinnen und Schüler nicht nur für Prüfungen vorbereiten, sondern für ein Leben, in dem Sprache der Schlüssel zur Welt ist. Und dieses Versprechen tragen wir – jedes Fach, jede Lehrkraft, jede Stunde.

Die Umstellung auf schülerzentrierte Lernmethoden stellt also nicht nur uns Lehrkräfte, sondern das gesamte Schulsystem vor Herausforderungen. Viele Kolleginnen und Kollegen sind darin geschult, Wissen zu vermitteln, nicht aber, selbstständiges Lernen zu fördern. Der Gedanke, nicht alle Antworten parat zu haben, kann Unsicherheit auslösen.

Wie bereits angesprochen, sehe ich es als meine Aufgabe, diesen Wandel zu begleiten und versuche deshalb notwendige Rahmenbedingungen zu schaffen. Dazu gehört unter anderem die Förderung von Weiterbildung.

Regelmäßige Fortbildungen, Hospitationen und kollegialer Austausch sind essenziell, um Unsicherheiten abzubauen und neue Methoden zu erproben.

Des Weiteren versuche ich meinen Kolleginnen und Kollegen emotionale Sicherheit zu bieten. Jede Lehrkraft braucht die Gewissheit, dass es in Ordnung ist, Verantwortung an die Lernenden abzugeben, ohne die Kontrolle vollständig zu verlieren. Diese Haltung erfordert Geduld und Vertrauen – in die Schülerinnen und Schüler und in sich selbst.

Dann sind da noch die anderen entscheidenden Faktoren. Um schülerzentrierte Ansätze erfolgreich umzusetzen, benötigen Lehrkräfte Zeit für Planung, Reflexion und individuelle Betreuung. Auch der Zugang zu geeigneten Materialien und Technologien ist entscheidend.

Ich ermutige mein Team, kreative Ideen auszuprobieren und Fehler als Teil des Lernprozesses zu akzeptieren. Dabei betone ich, dass es nicht um Perfektion geht, sondern um kontinuierliches Lernen und Wachsen.

Ich bin überzeugt, dass der Schlüssel zu einer erfolgreichen Transformation in der Haltung liegt. Wir müssen daran glauben, dass Schülerinnen und Schüler Verantwortung übernehmen und eigenständig lernen können. Dieses Vertrauen ist die Grundlage für eine Schule, die nicht nur unsere Lernenden, sondern auch uns als Lehrkräfte bereichert.

Zwischen Anspruch und Realität

Ich habe das große Glück, einer äußerst vielfältigen und zugleich bereichernden Aufgabe nachgehen zu dürfen. Mein Arbeitsfeld ist breitgefächert und anspruchsvoll: von administrativen und organisatorischen Tätigkeiten wie der Erstellung von Stundenplänen oder der Planung von Fortbildungen über die Entwicklung und Umsetzung von Schulprogrammen bis hin zur Sicherstellung der Einhaltung rechtlicher Vorgaben.

Ein wesentlicher Bestandteil meiner Arbeit sind die zahlreichen Gesprächstermine. Dazu zählen Gespräche mit Schülerinnen und Schülern, die mit

Anliegen oder Sorgen zu mir kommen und denen ich stets ein offenes Ohr schenke. Ebenso wichtig ist der Austausch mit Eltern, die Unterstützung oder Beratung suchen, sowie die regelmäßigen Diskussionen mit Kolleginnen und Kollegen über pädagogische Konzepte oder schulorganisatorische Themen. Auch die Abstimmung mit Behörden, die nicht selten komplex und zeitintensiv ist, gehört zu meinen Aufgaben.

Doch vor allem sind es die persönlichen Begegnungen, die mich mit Freude erfüllen. Gerade in diesen Gesprächen sehe ich großes Potenzial und wertvolle Chancen, unsere Schule aktiv weiterzuentwickeln. Die Vielfalt der Menschen und Perspektiven inspiriert mich immer wieder aufs Neue und motiviert mich, gemeinsam mit allen Beteiligten das Beste für unsere Schulgemeinschaft zu erreichen.

Gerade als Schulleiterin einer weiterführenden Montessori-Schule erlebe ich täglich die Herausforderungen, die mit dem Wandel der Bildungslandschaft einhergehen. Unser Ansatz, der auf individuelle Begleitung setzt, steht oft im Spannungsfeld zwischen den Montessori-Werten und den Anforderungen des staatlichen Bildungssystems, das stark auf Leistung als Zielformulierung und Lehrpläne fokussiert ist.

Innerhalb meines Teams erlebe ich zudem unterschiedliche Perspektiven. Besonders neue Kolleginnen oder Kollegen, die aus dem klassischen Schulsystem kommen, tun sich manchmal schwer, sich von der Rolle des reinen Wissensvermittlers zu lösen. Diese Dynamik verlangt eine stetige Reflexion und eine aktive Auseinandersetzung mit unserer Haltung und Praxis.

Um es zu verdeutlichen, lade ich dich nun ein, bei dem ein oder anderen Gespräch aus den letzten Jahren dabei zu sein. Gespräche mit Kolleginnen und Kollegen zum Thema Lernbegleitung, mit Schülerinnen und Schülern zum Thema Lernen, ein Gespräch mit einem Bewerber und meinen Gedanken zum Ausbildungssystem, zu sogenannten Leuchtturmschulen und ein Gespräch über die wichtigste Frage innerhalb der Bildung – die Frage nach der Haltung.

Ein junger Kollege sitzt mir gegenüber und wirkt ein wenig niedergeschlagen. Seine Verzweiflung zeigt eines der tief verwurzelten Missverständnisse darüber, was der Lehrberuf heute ausmacht. „Jetzt soll ich nicht nur unterrichten, sondern auch noch begleiten," sagt er. Es ist ein wahrer Hilferuf! Ich versuche ihm meine Haltung und meine persönlichen Gedanken zu verdeutlichen. Diese sind ihm nicht neu, aber manchmal scheint es einfach notwendig zu sein, sie in Erinnerung zu rufen.

In meinen Augen ist das Begleiten von Lernprozessen kein Zusatz, sondern das Herzstück unserer Arbeit. Jeder Schüler und jede Schülerin bringt individuelle Voraussetzungen, Interessen und Herausforderungen mit. Die Begleitung hilft dabei, das Gelernte zu verstehen, anzuwenden und in den eigenen Kontext zu integrieren. Sie schafft Raum für Reflexion, Fragen und persönliches Wachstum – etwas, das ein reiner Frontalunterricht, der größtenteils auf fachliche Inhalte ausgerichtet ist, nicht leisten kann.

Die Beziehung zwischen Lernbegleitenden und Schülerinnen und Schülern ist dabei essenziell. Lernbegleitung bedeutet, junge Menschen zu ermutigen, ihre Stärken zu entdecken und Herausforderungen anzunehmen. Dies stärkt nicht nur das Vertrauen in die Lernbegleitung, sondern auch das Selbstvertrauen der Jugendlichen.

Die Anforderungen an den Lehrerberuf haben sich gewandelt: Neben der Vermittlung von Fachwissen sind Kompetenzen wie Selbstständigkeit, Problemlösungsfähigkeit und soziales Lernen gefragt. Die Begleitung von Lernprozessen ist unser Beitrag, um diese Fähigkeiten zu fördern – ein Auftrag, der über die reine Wissensvermittlung hinausgeht.

Natürlich wirkt die Rolle als Lernbegleitung zunächst wie eine zusätzliche Belastung. Doch wer diesen Ansatz verinnerlicht, merkt bald, wie viel er erleichtert. Schülerinnen und Schüler, die individuell begleitet werden, verstehen besser, bleiben motiviert und arbeiten eigenständiger. Dadurch entsteht eine entlastende Dynamik im Unterrichtsalltag.

Und weil auch das wesentlich leichter gesagt als getan ist, helfen vielleicht folgende Tipps, um die Rolle der Lernbegleitung nicht weiter als Mehrbelastung, sondern als Entlastung und Bereicherung zu sehen:

Lege den Fokus auf die Selbstständigkeit der Schülerinnen und Schüler. Du musst längst nicht jede Information vorgeben oder kontrollieren. Gib den Jugendlichen stattdessen Werkzeuge und Methoden an die Hand, mit denen sie selbst Lösungen finden. Das spart auf Dauer Zeit und fördert die Eigenverantwortung.

Vielleicht hilft es dir auch, die Rolle eines Lernbegleiters als Coach zu sehen, der die Lernprozesse steuert, anstatt Inhalte frontal zu vermitteln. Frage dich: Wie kann ich den Jugendlichen helfen, ihre eigenen Fragen zu stellen und Antworten zu finden? Mit dieser Haltung wird deine Arbeit nicht „mehr", sondern einfach anders.

Bereite dich gezielt vor und löse dich vom Perfektionismus. Du musst und kannst nicht jedes Detail vorgeben oder planen. Dein Fokus sollte darauf liegen, eine anregende Lernumgebung zu schaffen. Stelle die Materialien bereit, gib Impulse und vertraue darauf, dass die Schülerinnen und Schüler vieles selbst entdecken können.

Es muss nicht sofort alles perfekt sein. Beginne mit kleinen Änderungen in deinem Unterricht. Zum Beispiel könnte es statt deines Vortrages eine offene Fragestellung geben, bei der die Schülerinnen und Schüler in Gruppen arbeiten und du sie nur punktuell unterstützt.

Denke daran: Als Lernbegleiter bist du nicht weniger wichtig – im Gegenteil. Du bist ein Ermöglicher! Deine Aufgabe ist es, Räume zu öffnen, in denen Lernen möglich wird. Das bedeutet nicht mehr Arbeit, sondern eine Umverteilung deiner Energie auf das, was wirklich zählt, nämlich die individuelle Förderung der Schülerinnen und Schüler.

Diese reagieren oft sehr positiv auf mehr Eigenverantwortung. Hole dir regelmäßig Feedback ein. Das kann dir helfen zu sehen, wie gut die

Lernbegleiter-Rolle wirkt, und gibt dir gleichzeitig Motivation, diesen Weg weiterzugehen.

Reflexion - ein Werkzeug für nachhaltiges Lernen

Ein oft unterschätzter Aspekt des Lernbegleitens ist die aktive Einbindung der Lernenden in den Reflexionsprozess. Wenn Schülerinnen und Schüler ihre Fortschritte und Herausforderungen gemeinsam reflektieren, profitieren alle: Die Lernenden sehen, dass sie mit Schwierigkeiten nicht allein sind, und teilen Strategien, die ihnen geholfen haben. Für uns Lehrkräfte bietet dies wertvolle Einblicke, um gezielt auf die Bedürfnisse der Lernenden einzugehen.

Diese Form der Reflexion fördert eine Kultur des Miteinanders, in der alle voneinander lernen. Lernende übernehmen Verantwortung für ihren eigenen Fortschritt und den der Gruppe, was nicht nur den Unterricht bereichert, sondern auch langfristig soziale Kompetenzen stärkt.

Ich spreche mit einem Kollegen, der sich unsicher ist, ob er in seinem Unterricht Reflexionsphasen regelmäßiger einplanen sollte, als er es bisher tut. „Verliere ich da nicht wertvolle Zeit für den Stoff?" fragt er.

Seine Skepsis ist nachvollziehbar, da im Schulalltag oft das Gefühl herrscht, Reflexion sei ein „nice-to-have" und nur bei Zeitüberschuss möglich. Doch ich bin überzeugt: Reflexion ist alles andere als eine Zeitverschwendung, sondern eine Investition in nachhaltiges Lernen.

Reflexion ermöglicht es den Schülerinnen und Schülern, Wissen nicht nur aufzunehmen, sondern zu verarbeiten, zu strukturieren und mit Vorwissen zu verknüpfen. Dieser Prozess schafft tiefes Verständnis und hilft, Inhalte langfristig im Gedächtnis zu verankern. Darüber hinaus fördert Reflexion die Fähigkeit zur Metakognition – das Nachdenken über das eigene Denken. Diese Kompetenz ist essenziell, um eigenständiges Lernen zu entwickeln und Lernprozesse gezielt zu optimieren.

Ich erinnere meinen Kollegen daran, wie begeistert er in einer der letzten Teamsitzungen von einer Schülerin berichtet hatte, die voller Motivation war, nachdem sie ihre eigenen Fortschritte erkannt hatte. Genau das bewirkt Reflexion: Sie macht Erfolge sichtbar und Fehler zu Lernchancen, stärkt das Selbstbewusstsein und die Resilienz – Fähigkeiten, die weit über das Klassenzimmer hinaus wichtig sind. Außerdem regt Reflexion kritisches Denken an. Lernende analysieren, bewerten und übertragen ihr Wissen auf neue Situationen – ein zentrales Ziel moderner Bildung.

Die Frage ist also schnell mit „Nein, Reflexion ist wichtig!" beantwortet, doch aus der Erfahrung heraus kann ich sagen, dass es gewisse Bedingungen braucht, damit sie ihren Zweck erfüllt.

Empfehlen möchte ich dir, Reflexionsphasen gezielt und strukturiert in den Unterricht zu integrieren und folgende Punkte im Blick zu halten:

Mache den Schülerinnen und Schülern deutlich, warum ihr reflektiert und welches Ziel ihr dabei verfolgt. Eine klare Verbindung zu den Lernzielen deines Unterrichts hilft den Lernenden, den Sinn der Reflexion zu erkennen.

Sorge dafür, dass sich die Lernenden sicher fühlen, offen und ehrlich über ihre Erfahrungen und Gedanken zu sprechen, ohne Angst vor Kritik oder Bewertung zu haben.

Nutze strukturierte Methoden wie Leitfragen, Feedbackbögen, Mindmaps oder Gruppengespräche, um die Reflexion anzuleiten. So vermeidest du oberflächliches Nachdenken und bringst die Lernenden zu tiefergehenden Einsichten.

Versuche, die Reflexion mit dem bisherigen Wissen oder den persönlichen Erfahrungen der Lernenden zu verbinden. So wird die Reflexion relevanter und nachhaltiger.

Plane genügend Zeit im Unterricht ein, damit die Reflexion nicht gehetzt wirkt. Reflexionsphasen sollten so gestaltet sein, dass sie als wertvoller Bestandteil des Lernens wahrgenommen werden.

Ermuntere die Lernenden, über ihren eigenen Lernprozess nachzudenken. Stelle Fragen wie: „Was habe ich gelernt? Was war schwierig? Wie kann ich mich verbessern?" Damit stärkst du ihre Fähigkeit zur Selbstregulation.

Gestalte Reflexion interaktiv, indem du Diskussionen, Peer-Feedback oder Selbstbewertungen einsetzt. So fühlen sich die Lernenden einbezogen und wertgeschätzt.

Verankere Reflexion als festen Bestandteil deines Unterrichts, statt sie nur gelegentlich einzusetzen. Lasse die Ergebnisse der Reflexion in die weiteren Lernprozesse einfließen.

Hilf den Schülerinnen und Schülern, aus der Reflexion praktische Erkenntnisse oder Handlungspläne abzuleiten, die sie für ihr zukünftiges Lernen nutzen können.

Passe die Reflexionsphasen an die unterschiedlichen Bedürfnisse und Fähigkeiten deiner Schülerinnen und Schüler an. Manche brauchen vielleicht zusätzliche Hilfestellungen oder alternative Zugänge, um sich aktiv einzubringen.

Vom Wissensvermittler zum Lernbegleiter

Ein erfahrener Kollege, der an einer anderen Schule unterrichtet hatte, wechselte zu uns, weil unser pädagogischer Ansatz seine Überzeugungen widerspiegelte. Doch die Umstellung von traditionellem Unterricht auf schülerzentrierte Methoden stellt ihn vor unerwartete Herausforderungen. Besonders die Idee, Verantwortung an die Lernenden abzugeben, verunsichert ihn.

Dieser Wandel fordert Mut: Es bedeutet, die Rolle des allwissenden Wissensvermittlers loszulassen und den Lernprozess gemeinsam mit den Schülerinnen und Schülern zu gestalten. Das kann anfangs wie ein Kontrollverlust wirken, ist jedoch eine Erweiterung unserer pädagogischen Aufgabe. Als Lernbegleiter fördern wir nicht nur den Erwerb von Wissen, sondern auch

Kompetenzen wie Selbstständigkeit, Problemlösung und kritisches Denken – Fähigkeiten, die im 21. Jahrhundert unabdingbar sind.

Natürlich ist dieser Weg holprig, denn die Umstellung erfordert Zeit, Geduld und Reflexion. Jugendliche müssen Schritt für Schritt lernen, Verantwortung für ihren eigenen Lernprozess zu übernehmen. Diese Schwierigkeiten sind keine Rückschläge, sondern der Kern des Lernprozesses. Unsere Aufgabe als Lernbegleiter ist es, diesen Prozess zu unterstützen, ohne alles perfekt steuern zu wollen.

Ich ermutige den Kollegen, den Ansatz nicht vorschnell aufzugeben. Gemeinsam reflektieren wir die Hürden und entwickeln Strategien, um mit Unsicherheiten umzugehen. Der Weg zurück zum traditionellen Frontalunterricht mag kurzfristig einfach erscheinen, aber er würde den Lernenden die Chance nehmen, Eigenständigkeit und Kreativität zu entwickeln.

Frontalunterricht vs. Freiarbeit – kein Gegensatz, sondern eine Bereicherung

„Ich mache nur noch ganz selten Frontalunterricht. Ich stehe jetzt meistens an der Fensterseite." Als ich diesen Satz von einer Kollegin höre, spüre ich sofort das Bedürfnis, mehr darüber zu erfahren. Der Satz lässt mich nicht nur schmunzeln, sondern bringt mich auch dazu, einmal mehr über den gemeinsamen Wortschatz und unsere pädagogische Haltung nachzudenken. Die Kollegin hat ihren Blickwinkel verändert, das weiß ich. Aber warum scheint sie zu glauben, dass Frontalunterricht etwas ist, das vermieden werden sollte?

Ich bin überzeugt, dass es in der Pädagogik keinen „Königsweg" gibt. Jede Lerngruppe ist einzigartig, jede Schülerin und jeder Schüler hat unterschiedliche Voraussetzungen, Bedürfnisse und Interessen. Deshalb ist es für mich ganz klar: Jede methodisch-didaktische Herangehensweise hat ihre Berechtigung – von Freiarbeit und Projektunterricht bis hin zu Frontalunterricht. Wichtig ist, dass die Methode zur jeweiligen Lerngruppe passt und ihr Lernen optimal unterstützt.

Für mich steht immer die zentrale Frage im Raum: „Was braucht das Kind, um gut zu lernen?" In manchen Situationen erfordert der Unterricht eine klare Struktur und Anleitung, um Inhalte effizient zu vermitteln. In anderen Kontexten sind offene Arbeitsformen sinnvoll, die Raum für Eigenverantwortung und individuelle Lernwege schaffen. Es geht nicht darum, dass eine Methode „richtig" oder „falsch" ist, sondern darum, dass sie zur Person oder Gruppe und zur jeweiligen Lernsituation passt.

Deshalb halte ich es für unerlässlich, dass alle Kolleginnen und Kollegen ein breites Spektrum an Methoden kennen und anwenden können. Offenheit, Flexibilität und die Bereitschaft zur kontinuierlichen Weiterbildung und Reflexion sind dafür entscheidend. Unsere Aufgabe als Lehrkräfte ist es, immer wieder zu prüfen, welche Methode in einer bestimmten Situation am besten geeignet ist. Nur so können wir sicherstellen, dass wir den vielfältigen Bedürfnissen unserer Schülerinnen und Schüler gerecht werden.

Als Schulleiterin ist es mein Ziel, ein schulisches Umfeld zu schaffen, in dem Vielfalt als Stärke gilt – sei es die Vielfalt der Lernenden oder die Vielfalt der Methoden. Nur wenn wir verschiedene Wege offenhalten, können wir das Beste für unsere Schülerinnen und Schüler erreichen.

Jeder Mensch hat Förderbedarf

Ein breites Spektrum an pädagogischen Werkzeugen ist auch entscheidend, wenn es um den Förderbedarf geht. Ich bin davon überzeugt, dass jeder Mensch Förderbedarf hat – jeder braucht in seiner Entwicklung und seinem Lernen Unterstützung, und zwar auf individuelle Weise. Niemand ist perfekt, niemand kann alles gleichermaßen gut. Jeder hat Bereiche, in denen er oder sie Stärken hat, und andere, in denen er oder sie Unterstützung braucht. Aber diese Schwächen sind keine Defizite – sie bieten Chancen, zu wachsen und zu lernen.

Für mich bedeutet das, dass wir uns von dem Gedanken verabschieden müssen, Förderbedarf sei nur für eine kleine Gruppe von Schülerinnen und

Schülern relevant. Vielmehr sollten wir alle Kinder, Jugendlichen – und auch uns als Lehrkräfte – als Lernende mit individuellen Bedürfnissen betrachten. Jeder hat das Recht, in seinem eigenen Tempo, auf seine Art und Weise und nach seinen Fähigkeiten gefördert zu werden.

Ich setze mich dafür ein, dass unsere Schule ein Ort ist, an dem Vielfalt nicht nur akzeptiert, sondern aktiv unterstützt wird. Differenzierte Unterrichtsangebote, flexible Lernmethoden und eine wertschätzende Haltung gegenüber den Stärken und Schwächen jedes Einzelnen sind bei uns selbstverständlich.

Gleichzeitig bedeutet das, dass wir als Kollegium eng zusammenarbeiten, voneinander lernen und unsere Schülerinnen und Schüler bestmöglich begleiten. Es ist mir wichtig, eine Kultur zu fördern, in der niemand sich schämen muss, etwas nicht zu können, und in der jede noch so kleine Anstrengung wertgeschätzt wird.

Denn letztlich geht es darum, dass alle ihr Bestes geben können – und das gelingt nur, wenn wir den Förderbedarf jedes Einzelnen anerkennen und entsprechend handeln.

Da sitzt er – ein Schüler aus der 7. Jahrgangsstufe – in einem der Sessel in meinem Büro. Aufgewühlt und emotional bittet er mich, sofort einen Antrag für den Schulwechsel auszufüllen. Er erklärt mir, dass er sich nach einem Gespräch mit einem Freund, der eine andere Schule besucht, entschieden habe, die Schule zu wechseln. Der Freund habe ihm von seinem Unterricht erzählt, in dem er nur „Seite 43, Aufgabe 5" erledigen müsse und dann fertig sei. „An unserer Schule", so fährt er fort, „werde ich nie fertig. Immer, wenn ich ein Ziel erreicht habe, soll ich mir ein neues setzen. Ihr sprecht immer von lebenslangem Lernen, aber ich will auch einfach mal fertig sein."

Ich sehe ihn an, nicke und sage: „Es klingt, als sei dir dein Lernen wirklich wichtig. Du machst dir viele Gedanken, möchtest Fortschritte machen und auch mal das Gefühl haben, etwas erreicht zu haben. Das ist völlig verständlich."

Wir führen ein gutes Gespräch. Am Ende ist er sich nicht mehr sicher wegen des Schulwechsels und bleibt dann doch. Heute, in seinem Studium, verfolgt er ganz andere Ziele.

Mir ist dieses Gespräch besonders im Gedächtnis geblieben. Es verdeutlicht so viel - die Bedeutung von Lebensweltbezug, aber auch von Zwischenzielen und kleinen Erfolgen auf dem Lernweg. Ich hatte bis dahin immer geglaubt, wir hätten dies bereits ausreichend in unserem Konzept integriert, doch hier wurde klar, dass wir noch deutlicher und transparenter werden mussten. Ich hatte wieder etwas gelernt.

Bewerbungsgespräch

Mir sitzt ein sehr sympathischer Mann gegenüber, der sich an unserer Schule auf eine ausgeschriebene Stelle beworben hat. Er kommt frisch aus dem Referendariat und berichtet mir stolz von seinen sehr guten Leistungen in seinen studierten Fächern. Dies hängt, so erklärt er mir, definitiv mit seiner Leidenschaft für diese Bereiche zusammen. Ich kann es ihm nicht verdenken – das ist sicherlich ein guter Grund, vollkommen im Fach aufzugehen. Aber wie steht es mit dem Bereich der Pädagogik und der Leidenschaft für die Arbeit mit Menschen?

Der Ansatz vieler Bewerberinnen und Bewerber, sich primär über ihre akademischen Leistungen zu definieren, offenbart ein grundlegendes Problem in unserem Bildungssystem. Universitäten und das Referendariat legen meiner Meinung nach noch immer zu viel Wert auf Fachwissen und Leistungsmessung, während die pädagogische Praxis, soziale Kompetenzen und die Entwicklung einer reflektierten Haltung häufig zu kurz kommen. Diese einseitige Ausrichtung prägt die Haltung vieler angehender Lehrkräfte und erschwert es ihnen, die vielschichtigen Anforderungen des Lehrerberufs zu erfüllen.

Die Ursachen dafür liegen aus meiner Sicht in der Struktur der Lehrerausbildung, die stark von einem akademischen Fokus geprägt ist. Das universitäre Studium ist traditionell auf wissenschaftliches Wissen und die Vermittlung fachlicher Kompetenzen ausgerichtet. Studierende verbringen den Großteil ihrer Ausbildung in Vorlesungen und Seminaren, die kaum Raum für praktische Anwendung und die Reflexion pädagogischer Herausforderungen bieten. Praxisphasen sind oft zu kurz, um einen tiefen Einblick in die sozialen und emotionalen Aspekte des Berufs zu ermöglichen.

Im Referendariat setzt sich dieser Schwerpunkt auf formal bewertbare Leistungen fort. Unterrichtsbesuche und Prüfungen dominieren den Alltag, während die Förderung der individuellen pädagogischen Haltung oder die Reflexion über Beziehungsarbeit und Kreativität meist zu kurz kommen. Diese Orientierung an akademischen Maßstäben führt dazu, dass viele Bewerberinnen und Bewerber nicht ausreichend auf die ganzheitlichen Anforderungen des Berufs vorbereitet sind. Es fehlt ihnen an der Fähigkeit, mit Geduld, Empathie und Kreativität auf die individuellen Bedürfnisse der Schülerinnen und Schüler einzugehen.

Besonders in reformpädagogischen Kontexten wird diese Diskrepanz deutlich. Dort stehen nicht allein fachliche Exzellenz, sondern vor allem die persönliche Begleitung der Kinder und Jugendlichen und die Förderung ihrer Eigenständigkeit im Vordergrund. Ein Verständnis dafür, wie man Lernprozesse jenseits von Noten und Lehrbüchern gestaltet, ist für viele Bewerberinnen und Bewerber jedoch oft ungewohnt, da sie aus einer Ausbildung kommen, die den Fokus auf fachliches Wissen und standardisierte Leistungsmessung legt.

Um diesen Defiziten zu begegnen, muss die Lehrerausbildung grundlegend überdacht werden. Universitäten sollten frühzeitig praxisnahe Formate integrieren, die Studierenden nicht nur die Möglichkeit bieten, die Arbeit in Klassenzimmern kennenzulernen, sondern auch die Umsetzung pädagogischer Theorien zu erproben. Die Entwicklung sozialer Kompetenzen, wie Empathie, Konfliktlösung und Resilienz, sollte einen festen Platz im Curriculum einnehmen, da diese Fähigkeiten essenziell für die Herausforderungen im Lehrerberuf sind.

Darüber hinaus wäre es wichtig, alternative Pädagogiken wie Montessori oder Waldorf nicht nur theoretisch vorzustellen, sondern auch praktisch erfahrbar zu machen. Die Reflexion der eigenen Werte und pädagogischen Haltung sollte ebenfalls ein zentraler Bestandteil der Ausbildung sein, begleitet durch Mentoring-Programme, in denen erfahrene Lehrkräfte angehende Lehrerinnen und Lehrer unterstützen und inspirieren.

Es ist entscheidend, dass Lehrkräfte bereits in ihrer Ausbildung erkennen, dass Lernen ein lebenslanger Prozess ist. Fortbildungen und eine kontinuierliche Offenheit gegenüber neuen pädagogischen Ansätzen sollten daher von Anfang an selbstverständlich sein. So könnte die Ausbildung dazu beitragen, Lehrkräfte heranzubilden, die nicht nur fachlich kompetent, sondern auch empathisch, kreativ und reflektiert sind.

Letztlich liegt es an den universitären und referendariatsbezogenen Strukturen, die Ausbildung so zu gestalten, dass zukünftige Lehrkräfte den Anforderungen moderner Bildung und einer vielfältigen Schülerschaft gerecht werden. Der Wandel von der traditionellen Lehrerrolle hin zu der eines Mentors und Begleiters erfordert zweifellos eine Reform der Ausbildung, der Strukturen und der gesellschaftlichen Erwartungen an Lehrkräfte.

Lasst uns bitte den Mythos des Allwissenden hinter uns lassen – nicht als Verlust, sondern als Chance, Bildung neu zu denken.

Eine Haltung – nur nicht meine

„Als Lehrerin fühle ich mich in der Rolle der Wissensvermittlerin viel wohler, weil ich mein Wissen in einer klaren, strukturierten Weise weitergeben kann. Besonders in Vorträgen kann ich meine Begeisterung für das Fach einbringen und den Schülerinnen und Schülern Orientierung geben. Ich mag es, komplexe Themen in überschaubare Schritte zu zerlegen und den Unterricht so zu gestalten, dass die Lernenden genau wissen, was sie erwartet. Diese Art der Wissensvermittlung bietet mir auch die Möglichkeit, meine eigene Handschrift im Unterricht zu hinterlassen und den Lernprozess aktiv zu steuern. Es gibt mir Sicherheit und Kontrolle – vor allem in einem hektischen Schulalltag, der klare Strukturen erfordert. Es fühlt sich für mich richtig an, den Unterricht so zu gestalten, dass er optimal zu meinem Lehrstil passt."

So formuliert eine Kollegin ihre Beweggründe für ihre Kündigung. Sie bedankt sich vor allem für meine Bemühungen, ihr und anderen Kolleginnen und Kollegen bewusst zu machen, wie wichtig es ist, eine eigene pädagogische Haltung zu entwickeln. Sie habe nun erkannt, dass es eher ihrer Neigung entspricht, selbst im Mittelpunkt des Unterrichtsgeschehens zu stehen, anstatt den Schülerinnen und Schülern mehr Freiraum zu lassen.

Ja, manchmal bedeutet meine Herangehensweise, dass ich sehr geschätzte Kolleginnen oder Kollegen gehen lassen muss – in der Hoffnung, dass sie eine Schule finden, an der ihre Haltung mehr Raum bekommt. Denn wir dürfen nicht vergessen:

Eine klare Haltung zu entwickeln, ist in der Bildung unerlässlich. Sie gibt allen Mitwirkenden Orientierung und Klarheit über Ziele, Werte und Prinzipien.

Schule als Ort der Zukunft gestalten

Aus gegebenem Anlass möchte ich zu guter Letzt noch Folgendes loswerden:

Als Schulleiterin einer Schule, die für den Deutschen Schulpreis nominiert war und als Person, die selbst mit dem Deutschen Lehrkräftepreis in der Kategorie „Vorbildliche Schulleitung" ausgezeichnet wurde, stehen wir manches Mal im Fokus. Wir werden bewundert, besucht, hinterfragt – oft zu Recht, denn wir setzen Zeichen auf jeglicher Ebene. Doch wir sind auch nicht perfekt. Das, was wir erreicht haben, ist nicht das Ende einer Reise, sondern nur ein Etappenziel. Unser Weg war nicht geradlinig, nicht immer einfach, und er ist vor allem kein Modell, das sich eins zu eins auf andere Schulen übertragen lässt. Jedes Kollegium, jede Schülerschaft, jede Schulgemeinde hat eigene Stärken, Herausforderungen und Ziele.

Was mich manchmal besorgt, ist die Gefahr, dass diese sogenannten Leuchtturmschulen eine Zweiklassengesellschaft in der Bildungslandschaft schaffen: hier die strahlenden Vorbilder, dort die „normalen" Schulen. Dieser Gedanke widerspricht zutiefst meiner Überzeugung, dass jede Schule, die sich ernsthaft auf den Weg macht, Veränderungen zu bewirken, wertgeschätzt und unterstützt werden sollte – unabhängig davon, ob sie in Rankings auftaucht oder Preise gewinnt.

Wenn wir über Bildung sprechen, sollten wir nicht nur die vermeintlichen Leuchttürme feiern, sondern auch die kleinen, leisen Erfolge, die oft unbemerkt bleiben. Eine Schule, die es schafft, das Engagement ihrer Eltern zu stärken. Eine Lehrkraft, die ein Kind, das fast aufgegeben hatte, wieder für das Lernen begeistert. Ein Schulleiter, der trotz schwierigster Bedingungen die Motivation seines Teams hochhält. All diese Bemühungen tragen dazu bei, dass unser Bildungssystem insgesamt besser wird.

Ich wünsche mir, dass wir die Idee von Leuchtturmschulen weiterdenken – weniger als strahlende Einzelbeispiele, sondern als Inspiration, die alle Schulen dazu ermutigt, ihren eigenen Weg zu finden. Jede Schule verdient es, für ihre individuellen Bemühungen gewürdigt zu werden. Denn Bildung ist kein Wettbewerb, sondern eine Gemeinschaftsaufgabe, bei der jede und jeder Einzelne zählt.

Die Nominierung für den Schulpreis und die persönliche Auszeichnung waren für mich und mein Team ein Moment großer Freude und Anerkennung. Die damit einhergehende Wertschätzung ein wundervolles Gefühl. Wir waren und sind äußerst dankbar dafür. Aber es war eben auch eine Erinnerung daran, dass unsere Arbeit noch lange nicht getan ist – und dass wir gemeinsam mit allen anderen Schulen an einem Ziel arbeiten: eine Bildung, die für alle Kinder in unserem Land wirklich gut ist.

Das ist für mich der wahre Kern dessen, was „Leuchtturmschule“ bedeuten
sollte, und ich freue mich mit meiner Schulgemeinschaft immer weiter wachsen zu dürfen.

79